Schöningh
westermann

AF178119

EinFach
Deutsch

Antike Sagen

Ausgewählt und bearbeitet
von Elsbeth Schulte-Goecke

Neubearbeitung von
Franz Waldherr

Herausgegeben von
Johannes Diekhans

© 2000 Ferdinand Schöningh, Paderborn

© ab 2004 Bildungshaus Schulbuchverlage
Westermann Schroedel Diesterweg Schöningh Winklers GmbH,
Georg-Westermann-Allee 66, 38104 Braunschweig
www.westermann.de

Druck A^{18} / Jahr 2025
Alle Drucke der Serie A sind im Unterricht parallel verwendbar.

Umschlaggestaltung: Jennifer Kirchhof
Druck und Bindung: Westermann Druck Zwickau GmbH,
Crimmitschauer Straße 43, 08058 Zwickau

ISBN 978-3-14-022319-5

Antike Sagen

Anhang

1. Das Weltall, die Götter und Prometheus

Die Entstehung des Weltalls

Am Anfang war das Chaos. Darin waren die Grundbestandteile aller Dinge: Erde, Feuer, Wasser und Luft ungesondert beieinander. Allmählich aber fanden sich die gleichen Stoffe zusammen und sonderten sich von den übrigen. So entstand der Kosmos: Das ist das geordnete Weltall, darin jedes Ding seinen bestimmten Platz hat. Oben war der Himmel, darin zogen Sonne, Mond und Sterne ihre regelmäßige Bahn. Unten war die Erde, die teilte sich in Land und Meer. Auf dem Lande sprossten Pflanzen aller Art auf, dazwischen wimmelte es von Tieren. Im Wasser spielten die Fische. In der Mitte war die Luft, darin segelten die Wolken und wehten die Winde und sangen beflügelt die Vöglein.

Die Götter

Der Himmel und die Erde, Uranos und Gaia, waren das älteste Götterpaar. Sie hatten zwölf schöne Kinder, die hießen Titanen, und sechs hässliche, die hießen Giganten. Die Giganten waren grob und richteten dauernd Schaden im Weltall an. Deshalb verstieß der Vater Uranos sie in den Tartaros, das ist die Unterwelt, die ebenso weit unter der Erde ist wie der Himmel über ihr. Dort unten herrscht ewige Finsternis.
Aber die Mutter Gaia hatte auch ihre hässlichen Kinder lieb und sie konnte es ihrem Gemahl nicht verzeihen, dass er sie vom Lichte verbannt hatte. Sie stiftete ihren jüngsten Sohn, den Titanen Kronos, dazu an, dem Vater die Herrschaft zu entreißen und die Giganten aus dem Tartaros heraufzuholen. Aber nach einiger Zeit stieß auch er sie wieder in die Finsternis zurück, denn sie brachten nur Unordnung in den Kosmos.

Da beredete Gaia die Kinder des Kronos: Zeus, Hera, Demeter, Hestia, Poseidon und Pluton, sich gegen ihren Vater zu erheben und ihn zu stürzen. Die Kinder besiegten ihren Vater und die anderen Titanen und deren Kinder, die alle Kronos zu Hilfe gekommen waren. Zeus übernahm nun die Herrschaft über die Welt. Hera wurde seine Gemahlin. Dem Poseidon wurde das Meer untertan, Pluton wurde König im Totenreich, Demeter die Göttin des Ackerbaus und Hestia die Beschützerin des häuslichen Herdes. Die Giganten aber mussten in der Unterwelt bleiben und Gaias Wunsch wurde von den jungen Göttern auch nicht erfüllt.

Wie Prometheus die Menschen erschuf

Prometheus war ein Sohn von Kronos' Bruder Iapetos und gehörte also zu denen, die Zeus von der Herrschaft ausgeschlossen hatte. Prometheus besaß eine ungewöhnliche Erfindungsgabe und einen schöpferischen Geist. Da ihm der Himmel als Betätigungsfeld genommen worden war, ging er hinunter auf die Erde. Dort gab es wohl schon Pflanzen und Tiere, aber noch immer fehlte der Mensch, der die Erdenwelt hätte regieren können. Prometheus nahm aus dem Erdboden Ton, feuchtete ihn mit Flusswasser an und formte daraus Gestalten nach dem Bilde der Götter. Um seine Erdenklöße zu beleben, entlehnte er von den Tieren gute und böse Triebe und schloss sie in die Brust der Menschen ein. Aber noch fehlte den Menschen dasjenige, was sie erst von den Tieren unterscheidet und zu Menschen macht: der Geist. Den konnten ihnen nur die Götter verleihen. Athene, die kluge Tochter des Zeus, war dem Prometheus sehr zugetan. Die Geschöpfe, die er gebildet hatte, fanden ihren Beifall, und um sie noch vollkommener zu machen, blies sie den Gestalten ihren göttlichen Atem, den Geist, ein.
So entstanden also die ersten Menschen. Sie vermehrten sich rasch. Aber sie wussten sich weder ihrer Glieder noch ihres Geistes zu bedienen und konnten mit der Schöpfung nichts anfangen. Sehend sahen sie umsonst,

hörten hörend nicht. Unbekannt war ihnen die Kunst,
Häuser zu erbauen. Unter der Erde in sonnenlosen Höh-
len wimmelte es von ihnen wie von Ameisen. Nicht den
Winter, nicht den blütenvollen Frühling, nicht den
früchtereichen Sommer kannten sie an sicheren Zeichen. 5
Planlos war alles, was sie taten. Da nahm sich Prometheus seiner Geschöpfe an. Er lehrte sie Steine brechen
und behauen, aus Lehm Ziegel brennen und Bäume fäl-
len und zersägen und Häuser und Städte bauen. Er erfand ihnen den Pflug für den Ackerbau und lehrte sie 10
Tiere davorspannen und zu Genossen ihrer Arbeit machen. Er gewöhnte die Rosse an Zügel und Wagen. Er
erfand Nachen und Segel für die Schifffahrt. Er lehrte sie
den Auf- und Niedergang der Gestirne beobachten, er
erfand ihnen die Rechenkunst und die Buchstaben- 15
schrift. Er zeigte ihnen die Bereitung von Arzeneien zur
Heilung ihrer Krankheiten. Er ließ sie unter der Erde
Eisen, Silber und Gold entdecken. Kurz, in alle Künste
des Lebens führte er die Menschen ein.

Götter und Menschen

Alsbald wurden die neuen Götter aufmerksam auf das 20
von Prometheus erschaffene Menschenvolk. Sie verlang-
ten Verehrung von ihm. Dafür wollten sie ihm ihren
Schutz angedeihen lassen. Sterbliche und Unsterbliche
kamen auf einer Tagung zusammen. Da bestimmten die
Götter die Rechte und Pflichten der Menschen. Promet- 25
heus war auch bei dieser Versammlung. Voller Stolz betrachtete er die Geschöpfe, die er geformt hatte. Aber er
sah nicht recht ein, warum seine Menschen den Göttern
Opfer und Gebete darbringen sollten, wo doch die Götter bisher noch gar nichts für die Menschen getan hat- 30
ten, die allein sein Werk waren. Immer wieder trat er als
Anwalt für die Menschen ein, wenn es ihm schien, dass
die Götter ihnen für die übernommenen Schutzämter
allzu hohe und lästige Gebühren auferlegten.
Zuletzt konnte er es nicht lassen, den neuen Göttern ei- 35
nen Streich zu spielen. Er schlachtete einen großen Stier

und sagte, den wollten die Menschen den Göttern zur Huldigung darbringen, und die Götter möchten doch die Güte haben, davon zu wählen, was ihnen angenehm sei. Er zerteilte das Opfertier kunstgerecht und machte davon zwei Haufen. Auf die eine Seite legte er das Fleisch und den Speck und deckte die Haut darauf, auf die andere die kahlen Knochen, die er in das Unschlitt[1] einhüllte. Dieser Haufen war der größere und Prometheus dachte, deshalb würden die Götter diesen wählen, und er freute sich schon darauf, zu sehen, wie enttäuscht sie sein würden, wenn sie entdeckten, dass sie hereingefallen wären.

Prometheus bildet den Menschen.
Kunsthistorisches Museum, Wien

---

[1]   Talg, wertloses Gewebe

Zeus, der Allwissende, hatte den Betrug sogleich durchschaut. Er tat aber, als merke er nichts. Er sagte zu Prometheus: „Guter Freund, du hast sehr ungleich geteilt. Wie bescheiden von dir, dass du für dich einen so kleinen Haufen zurücklegtest!" Dann schob er das Unschlitt ₅ mit den Händen auseinander, dass die bloßen Knochen sichtbar wurden.

Doch der Herr des Himmels und der Erde ließ seiner nicht spotten. Um Prometheus zu zeigen, wer der Mächtigere sei und von wem er und die Menschen abhingen, ₁₀ versagte er den Geschöpfen des Prometheus die letzte Gabe, der sie zu vollendeter Gesittung bedurften: das Feuer. Doch auch dafür wusste Prometheus Rat. Er nahm den langen Stängel des markigen Riesenfenchels, näherte sich mit ihm dem vorüberfahrenden Sonnenwa- ₁₅ gen und setzte so den Stängel in Brand. Bald loderte der erste Holzstoß gen Himmel.

Wie Zeus die Auflehnung des Prometheus an diesem selbst und an den Menschen bestrafte

Als Zeus den weit leuchtenden Schein des Feuers unter den Menschen sah, ergrimmte er und beschloss, die Auflehnung des Titanensohnes und seiner Geschöpfe ₂₀ gegen seinen göttlichen Willen furchtbar zu bestrafen. „Da es die Menschen so sehr nach himmlischen Gaben gelüstet, sollen sie genug davon bekommen!", sprach er hohnlächelnd und befahl seinem Sohn, dem hinkenden Feuergott Hephaistos, das Standbild einer schönen ₂₅ Jungfrau zu schmieden. Athene, die inzwischen auf Prometheus eifersüchtig geworden war, kleidete die Gestalt des Mädchens in ein lang wallendes, schimmerndes Gewand, umgab ihr Antlitz mit einem duftigen Schleier und bekränzte ihr Haupt mit frischen Blumen und gol- ₃₀ denen Bändern. Aphrodite verlieh ihr allen Liebreiz und Hermes gab dem holden Wesen Sprache. Dann gaben die Unsterblichen ihr eine große Büchse in die Hände, jeder Gott und jede Göttin tat ein Unheil bringendes

Geschenk hinein und danach verschlossen sie die Büchse mit einem Deckel. Zeus nannte das Mädchen Pandora, d.h. die Allbeschenkte, und führte sie hernieder auf die Erde. Die Menschen bewunderten die unvergleichlich schöne Gestalt. Sie begab sich zu dem Bruder des Prometheus, der die schöne Jungfrau arglos und mit Freuden aufnahm. Sie aber schlug den Deckel ihres Gefäßes zurück und die eingeschlossenen Übel entwichen: Arbeiten, schwer wie ein Fluch, quälende Krankheiten aller Art, grausige Verbrechen, Mangel, Schuld, Sorge und bittere Not verbreiteten sich mit Blitzesschnelle über die Erde. Zuunterst in dem Gefäß war als einziges Gut die Hoffnung verborgen. Aber ehe sie herausflattern konnte, klappte Pandora auf den Befehl des Göttervaters die Büchse zu.

Darauf wandte sich Zeus mit seiner Rache gegen Prometheus selbst. Er übergab ihn dem Hephaistos und seinen Dienern Kratos und Bia, dem Zwang und der Gewalt. Diese mussten ihn mit unauflöslichen Ketten an eine steile Felswand des Kaukasus[1] schmieden. Aufrecht, schlaflos, niemals imstande, das müde Knie zu beugen, sollte er nach Zeus Willen dort mindestens 30 000 Jahre über dem schauderhaften Abgrund hängen; wenn dann einer käme, der sein Leben als Ersatz für Prometheus anböte und sterben wollte, damit Prometheus erlöst würde, dann sollte er seiner Fesseln ledig sein. Als Hephaistos das Werk vollbracht hatte, sagte er mitleidig zu Prometheus: „Viele vergebliche Klagen und Seufzer wirst du versenden; denn Zeus ist unerbittlich. Alle, die erst seit Kurzem die Herrschergewalt an sich gerissen haben, sind hartherzig."

Laut auf stöhnte der Gefesselte in seiner Qual und rief die Allmutter Erde, die Wolken, die Wellen und die Winde, ja, den allschauenden Sonnenkreis zu Zeugen seiner Qual an. Aber er war durch keine Drohungen des Zeus zu bewegen, sich vor ihm zu demütigen und Abbitte zu leisten. Da sandte Zeus einen Adler, der mit seinem scharfen Schnabel täglich die Brust des Prometheus zer-

---

[1]   Gebirge in Kleinasien

hackte und an seiner Leber fraß, die sich, wenn er sie aufgezehrt hatte, immer wieder erneuerte.

Aber der trotzige Titanensohn beugte seinen Sinn vor den neuen Göttern nicht. Jahrhunderte gingen vorbei in endloser Qual. Da kam auf seinem Zuge zu den Hesperiden Herakles daher. Er sah, wie der Adler, auf den Knien des Prometheus sitzend, an der Leber des Unglücklichen fraß. Da spannte er den Bogen, entsandte den Pfeil und schoss den grausamen Vogel von der Leber des Gequälten hinweg. Hierauf löste er seine Fesseln und führte den Befreiten mit sich davon. Der Kentaure[1] Chiron erklärte sich bereit, für die Freiheit des Prometheus zu sterben. So war die eine Bedingung des Göttervaters erfüllt. Aber die 30 000 Jahre waren noch nicht herum. Damit jedoch das Wort des Himmelsherrn nicht unerfüllt blieb, trug Prometheus einen eisernen Ring, an welchem sich ein Steinchen von jenem Kaukasusfelsen befand. So konnte Zeus sich rühmen, dass sein Feind noch immer an den Kaukasus geschmiedet sei.

---

[1] Kentaur: Fabelwesen mit Menschenkopf und -brust und Pferdeleib

2. Tantalos

Tantalos war ein Sohn des Zeus und einer menschlichen
Mutter. Er herrschte zu Sipylos in Lydien[1]. Seiner hohen
Abstammung wegen waren ihm die Götter sehr zugetan. Sie überhäuften ihn mit Macht, Reichtum und
5 Ruhm, sie würdigten ihn ihrer vertrauten Freundschaft.
Und endlich gewährten sie ihm sogar, was vor ihm noch
keinem Sterblichen erlaubt gewesen war: Er durfte mit
an der Tafel des Zeus speisen und alles mit anhören,
was die Unsterblichen unter sich besprachen. Die außer-
10 ordentlichen Ehren, die ihm die Himmlischen zuteil
werden ließen, stiegen dem Menschen zu Kopfe. Er
wurde übermütig und vergaß die Grenze zwischen Er-
laubtem und Unerlaubtem. Er entwendete Nektar und
Ambrosia[2] von der himmlischen Tafel und verteilte den
15 Raub unter seine irdischen Genossen. Er prahlte mit den
Geheimnissen, die die Götter ihm anvertraut hatten.
Endlich setzte er allen Freveln die Krone auf, indem er
den Göttern bei einem Gastmahl seinen eigenen Sohn
Pelops, den er hatte schlachten lassen, als Speise vor-
20 setzte, um ihre Allwissenheit auf die Probe zu stellen.
Die Götter merkten den Gräuel, fügten die zerstückelten
Glieder des Knaben wieder zusammen und gaben ihm
das Leben zurück. Tantalos selbst aber stießen sie in die
Unterwelt hinab und verhängten die grässlichsten Qua-
25 len über ihn; denn nichts ist den Göttern so verhasst wie
die Vermessenheit, die die Grenzen vergisst, die den
Menschen von den Göttern gesteckt sind. Tantalos wurde mitten in einen Teich gebannt. Er litt den brennends-
ten Durst, die Wasser spielten ihm um das Kinn, doch
30 sobald er sich bückte und den Mund gierig an das Wasser bringen wollte, sank die Flut, die Wasser vertrockne-
ten, und der dunkle Boden erschien zu seinen Füßen.
Zugleich litt er den heißesten Hunger. Am Ufer des Tei-
ches wuchsen herrliche Fruchtbäume und wölbten ihre

---

[1] antikes Königreich in Kleinasien
[2] Speisen der Götter

Äste über seinem Haupte. Saftige Birnen, rotwangige
Äpfel, glühende Granatäpfel, liebliche Feigen und grüne
Olivbeeren hingen ihm fast in den Mund hinein, aber
sobald er die Hand danach ausstreckte, riss ein Sturmwind die Zweige hoch hinauf, sodass er sie niemals zu ₅
erreichen vermochte.

3. Niobe

Niobe war eine Tochter des Tantalos und die Götter hatten ihr außerordentliche Glücksgüter verliehen. Sie war eine glänzende, königliche Erscheinung und dabei klug und herrschbegabt. Sie war die Gebieterin eines mächti-
5 gen Reiches und ihr Gemahl war König Amphion von Theben. Er hatte von den Musen die herrliche Leier erhalten, auf deren Spiel hin sich die Steine der thebanischen Stadtmauer von selbst zusammenfügten. Ihr kostbarstes Kleinod aber waren ihre vierzehn Kinder, sieben
10 blühende Jünglinge und sieben liebliche Mädchen.
Das Bewusstsein ihrer Schönheit, ihrer Klugheit, ihres Reichtums, ihrer Macht und ihres großen Mutterglücks aber hatte sie stolz und überheblich gemacht. Sie meinte, all ihr Glück wäre ihr eigenes Verdienst, und dachte
15 nicht mehr daran, dass der Mensch sein Schicksal nicht selbst in der Hand hat, sondern dass es der Macht der Götter anheimgegeben[1] ist.
Als eines Tages die Thebanerinnen der Göttin Leto und ihren Zwillingskindern Artemis und Apollon ein Weih-
20 rauchopfer darbringen wollten, verbot Niobe es ihnen und sprach: „Ihr Törinnen, die ihr den Blick ins Jenseits zu der Unsichtbaren richtet, schaut mich an! Die vollkommenste Schönheit ist mitten unter euch! Wollt ihr eine Mutter ehren, so ehrt mich; denn ich habe eine Kin-
25 derschar, wie keine Mutter sie aufweisen kann. Was sind denn Letos Zwillinge gegen meine sieben Söhne und meine sieben Töchter!"
Leto und ihre Zwillingskinder sahen und hörten alles, was in Theben vorging. „Das ist der Gipfel der Vermes-
30 senheit der Sterblichen, die Götter von den heiligen Altären hinwegzustoßen, sich selbst an die Stelle setzen und die Verehrung genießen zu wollen, die uns allein gebührt", sprach Leto zornig.
Artemis und Apollon aber hüllten sich in Wolken und
35 ließen sich auf dem Sportplatz nieder, der vor den Toren

---

[1] überlassen

der Stadt Theben liegt. Dort übten sich die sieben Königssöhne im Reiten, Springen, Laufen, Diskusschleudern, Speerwerfen und Ringkampf. Artemis und Apollon spannten die Bogen, sieben Pfeile schwirrten, und tödlich getroffen sanken die herrlichen Jünglinge in den Staub. Wie ein Lauffeuer verbreitete sich die Kunde von dem Schrecklichen durch die Stadt. Wehklagend stürzten Niobe und die sieben Schwestern hinaus auf den Sportplatz. Da waren die sieben Leichen schon erkaltet. Niobe aber sah ihre sieben lebendigen Töchter an und rief: „Grausame Leto, mein Jammer ist zwar groß, aber auch in meinem Unglück bleibt mir immer noch mehr als dir in deinem Glück."

Kaum hatte sie ausgesprochen, da hörte man wieder Pfeile schwirren, und die sieben Töchter brachen eine nach der andern tot zusammen. Nach wenigen Minuten stand Niobe allein, vor Gram erstarrt, zwischen den Leichen ihrer 14 Kinder. Still stand ihr Herz, ihr Blut stockte in den Adern, die Arme regten, die Füße bewegten sich nicht mehr. Der ganze Leib war zu kaltem Stein geworden. Nur aus den starren Augen rannen unaufhörlich Tränen. Da kam eine gewaltige Windsbraut, führte das steinerne Bild fort über das Meer und setzte es in der Heimat Niobes, in Lydien, unter den Steinklippen von Sipylos nieder. Dort steht es noch heute und immer noch fließt der Tränenstrom fort. So grausam strafen die Götter die Vermessenheit der Menschen.

4. Dädalos und Ikaros

Dädalos war Baumeister und Bildhauer zu Athen. Er vermochte die menschliche Gestalt so ebenmäßig, schön und vollkommen in Stein oder Marmor zu bilden, dass man in ihr das Ebenbild der Götter erkannte. Seine
5 Kunst war wahrlich groß. Leider aber war er auch sehr eitel und wollte keinen anderen neben sich gelten lassen. Er hatte einen Neffen, den er selbst unterrichtet hatte. Als jedoch der Ruhm des Jünglings anfing, den des Oheims[1] zu verdunkeln, brachte Dädalos seinen Neffen
10 um. Die Tat wurde entdeckt, Dädalos wurde des Mordes angeklagt und entfloh nach Kreta. Dort nahm König Minos ihn auf und gab ihm ehrenvolle Aufträge. Für den Minotauros das furchtbare Ungeheuer mit der Gestalt eines Menschen und dem Kopf eines Stieres, baute Däd-
15 alos ein riesiges mehrstöckiges Schloss, das Labyrinth. Unzählige gewundene Gänge schlangen sich um vielfach ausgebuchtete Innenhöfe. Hier lebte von nun an das Ungetüm, den Augen der Menschen entrückt. Alle neun Jahre aber wurden die sieben Jünglinge und die
20 sieben Jungfrauen, die die Athener dem König Minos als Sühne für den Mord an seinem Sohn geben mussten, in das Labyrinth hineingeführt und von dem Ungeheuer aufgefressen.
Doch nach und nach wurde dem Dädalos die Ver-
25 bannung aus der Heimat zur Last. Er sehnte sich sehr nach Griechenland zurück. Doch König Minos wollte den tüchtigen Künstler nicht ziehen lassen. Da beschloss Dädalos, sich Flügel zu machen und durch die Luft zu entfliehen. Er ordnete Vogelfedern von verschiedener
30 Größe so an, dass er mit der kleinsten begann und zu der kürzeren Feder stets eine längere fügte, sodass man glauben konnte, sie seien von selbst ansteigend gewachsen. Diese Federn verknüpfte er in der Mitte mit Leinfäden, unten mit Wachs. Dann passte er sich die Flügel an

---

[1] Onkel

den Leib, setzte sich mit ihnen ins Gleichgewicht und
schwebte leicht wie ein Vogel empor in die Lüfte.
Nachdem er sich wieder zu Boden gesenkt, fertigte er
für seinen jungen Sohn Ikaros ein kleineres Flügelpaar
und lehrte ihn das Fliegen. Ehe sie von Kreta abflogen, ₅
sprach Dädalos zu seinem Sohne: „Flieg immer auf der
Mittelstraße. Wenn du zu tief fliegst, werden die Flügel
vom Meereswasser feucht und schwer und ziehen dich
hinab. Versteigst du dich aber zu hoch in die Lüfte,
kommt dein Gefieder den Sonnenstrahlen zu nahe und ₁₀
fängt Feuer. Darum fliege auf der Mitte zwischen Wasser und Sonne dahin. Folge mir nur immer nach, so
kann der Flug nicht fehlgehen."
Jetzt erhoben sich beide in die Lüfte. Der Vater flog voraus, sorgenvoll wie ein Vogel, der seine Brut zum er- ₁₅
sten Mal aus dem Nest in die Luft führt. Er schwang be-
sonnen und kunstvoll das Gefieder, damit der Sohn es
ihm nachtun lerne, und blickte von Zeit zu Zeit rückwärts, um zu sehen, wie es ihm gelänge. Der Knabe
folgte ihm mit sicherem Flügelschlag. Weil aber alles so ₂₀
gut ging, wurde Ikaros schließlich übermütig und verließ die Bahn seines Vaters und steuerte immer höher

Carlo Saraceni: Der Sturz des Ikaros (16. Jahrhundert)

hinauf. Schließlich kam er der Sonne zu nahe. Die allzu kräftigen Strahlen erweichten das Wachs, das die Fittiche[1] zusammenhielt, und ehe Ikaros es merkte, waren die Flügel aufgelöst. Der Knabe stürzte in die Tiefe, und die blaue Meeresflut verschlang ihn. Als Dädalos sich wieder umblickte, war von Ikaros nichts mehr zu sehen. Nur auf dem Wasser schwammen ein paar Federn. Da wusste Dädalos, was geschehen war. Der Mord, den er an seinem Neffen begangen hatte, war an seinem Sohne gerächt worden.

Der Flug des Dädalos endete in Sizilien. Dort wurde der Künstler von dem herrschenden König ehrenvoll aufgenommen. Dädalos schmückte das Land mit herrlichen Tempeln, Burgen und künstlichen Seen. Aber froh ist er nach dem Sturze seines Sohnes nicht mehr geworden.

---

[1] Flügel

5. Die Argonautensage

Anlass und Beginn des Argonautenzuges

Iason war der Sohn des Königs Aison von Iolkos in Thessalien. Aison war von seinem jüngeren Bruder Pelias des Thrones beraubt worden und gestorben. Getreue Diener hatten sein unmündiges[1] Kind bei dem Kentauren[2] Chiron in Sicherheit gebracht. Dort war der 5 Knabe in guter Heldenzucht aufgewachsen. Als er 20 Jahre alt war, wanderte er zurück in die Heimat, trat vor den erschrockenen Pelias hin und sprach bescheiden, aber sehr bestimmt: „Du weißt, o König, dass ich der Sohn des rechtmäßigen Königs bin und alles, was du be- 10 sitzest, mein Eigentum ist. Die Äcker und Herden will ich dir lassen, aber den Thron und das Zepter meines Vaters verlange ich von dir zurück."

Pelias fasste sich schnell und sprach: „Gern will ich deine Forderung erfüllen. Doch ehe du die Bürde der Herr- 15 schaft auf dich nimmst, wird es dir Freude machen, eine Tat zu vollbringen, die dich berühmt macht. – Du weißt, wie die rechte Mutter der böotischen[3] Königskinder, Phrixos und Helle, die beiden auf einen geflügelten Widder setzte, dessen Fell aus gediegenem Gold war, 20 um sie vor den Misshandlungen der Stiefmutter zu erretten. Die Kinder ritten auf diesem Wundertier durch die Luft dahin über Land und Meer. Das Mägdlein aber wurde unterwegs schwindlig, fiel ins Wasser und fand darin den Tod. Seitdem heißt das Meer, darin Helle er- 25 trank, Helles Meer oder Hellespont. Phrixos aber kam in das Land Kolchis am Schwarzen Meer. Dort nahm ihn der König Aietes freundlich auf und gab ihm seine Tochter Chalkiope zur Frau. Den Widder opferte Phrixos dem Zeus. Das Fell wurde dem Kriegsgott Ares ge- 30

---

[1] minderjähriges
[2] Kentaur: Fabelwesen mit Menschenkopf und -brust und Pferdeleib
[3] Böotien: altgriechische Landschaft

weiht und in dessen heiligem Hain an eine Eiche ge-
hängt. Es ist von ungeheurem Wert und demjenigen, der
es besitzt, bringt es Reichtum und Ruhm. Auf nun, Iason, hole uns diese herrliche Beute nach Iolkus. Wenn
5 du dann zurückkommst, ist das Land dein eigen."
Das Abenteuer reizte Iason. Er ließ durch den geschick-
testen Schiffsbaumeister Griechenlands, Argos, ein lan-
ges Schiff mit 50 Rudern bauen. Außen war das Schiff
mit Schnitzwerk reich verziert. Es wurde nach seinem
10 Erbauer Argo genannt. Iason forderte die berühmtesten
Helden Griechenlands zur Teilnahme an dem Zuge auf.
Da kam Lynkeus, der scharf blickende, und übernahm
das Amt des Lotsen. Am Steven[1] ließ Herakles sich nieder, am Heck Peleus, der Vater des Achilles. Im inneren
15 Raum befanden sich unter vielen anderen die Zwillingssöhne des Zeus, Kastor und Pollux, Orpheus, der Sänger, und Theseus, der nachher König von Athen war. Iason war der Befehlshaber des ganzen Zuges. Alle
Teilnehmer nannten sich nach dem Schiffe Argonauten.

Wie Iason mithilfe der Medea
das goldene Vlies gewinnt

20 Nach vielen Abenteuern gelangten die Argonauten an
die Ostküste des Schwarzen Meeres. Dort lag an der
Mündung des Phasis im Lande Kolchis das Schloss des
Königs Aietes. Iason ließ sich zu ihm führen und erklärte ihm freimütig, dass er gekommen sei, um das goldene
25 Vlies[2] zu holen. Er versprach Aietes, wenn er ihm das
Fell freiwillig ausliefere, wolle er ihm helfen gegen alle
seine Feinde.
Der König ergrimmte und hätte die Fremden am liebs-
ten sogleich umgebracht. Aber er beherrschte seinen
30 Zorn und sprach: „Du magst dir das Vlies holen, aber
ich mache dich darauf aufmerksam, dass der Raub mit

---

[1]   vordere Schiffswand
[2]   in der griechischen Sagenwelt das Fell eines goldenen Widders

Gefahr verbunden ist. Das Fell wird von einem gewaltigen Drachen bewacht. Auch musst du mir für meine Gefälligkeit einen Dienst erweisen. Du musst mir mein Feld mit den beiden Stieren, die auf meinem Anger grasen, umpflügen. Dann säe in die Furchen Körner, die ich dir geben werde."

Die Stiere aber waren gewaltige Ungeheuer mit Hufen aus Erz und feurigem Atem und es war menschenunmöglich, ihrer Herr zu werden. Die Körner waren Drachenzähne, aus denen, sobald sie die Erde berührt hatten, geharnischte[1] Männer mit Helmen und Lanzen hervorwuchsen. Aietes plante, sobald die Stiere den Führer umgebracht hätten, wollte er das Schiff verbrennen lassen. Auch seinen Enkeln, den Kindern des Phrixos, der schon lange tot war, und seiner Tochter Chalkiope, dachte er eine schreckliche Strafe zu, weil ihr Vater der Urheber dieser Ungelegenheiten gewesen sei. Chalkiope ahnte, dass ihr Vater Böses gegen ihre Kinder im Schilde führte. Da ging sie zu ihrer jüngeren Schwester Medea, an der sie Mutterstelle vertreten hatte. Diese war eine Priesterin der Zaubergöttin Hekate und in den Künsten der Zauberei erfahren. Chalkiope bat Medea flehentlich, um der Kinder willen Iason zu helfen. Medea selbst hatte schon im Stillen bittere Tränen vergossen bei dem Gedanken, dass der herrliche Fremde von den Stieren getötet werden sollte. So kamen die Wünsche der Schwester zur Rettung Iasons ihren eigenen nur zu sehr entgegen und sie bereitete Iason eine Zaubersalbe. Er rieb sich selbst und seine Waffen damit ein. Da wurde seine Haut unverletzlich, seine Kraft wuchs ins Übermenschliche und seine Waffen wurden gefeit[2], dass sie nicht zerbrachen und niemand ihnen widerstehen konnte. Außerdem gab Medea Iason den Rat, einen Felsblock unter die geharnischten Männer zu werfen, wenn sie, aus den Drachenzähnen emporgesprosst, sich auf ihn stürzen würden. Dann würden sie glauben, einer von

---

[1] durch Rüstung geschützte
[2] geschützt

ihnen habe auf die anderen geworfen, und sich gegenseitig zerfleischen.

Am andern Morgen führte Aietes Iason aufs Feld. Mit Hilfe des Zaubers zwang Iason die Stiere ins Joch, warf
5 den Felsblock unter die geharnischten Männer und es geschah, wie Medea vorhergesagt hatte.

So hatte also Iason die Aufgabe gelöst. Doch Aietes dachte nicht daran, sein Wort zu halten und das Vlies herauszugeben, sondern er drohte jetzt offen, er würde
10 die Fremden töten, wenn sie sich nicht unverzüglich aus dem Staube machten. Auch ahnte er, dass dem Fremden die Tat nicht ohne Hilfe seiner Tochter Medea gelungen wäre, und er schwor, seine Tochter furchtbar zu bestrafen.
15 Da ging in der Nacht Medea mit Iason zum heiligen Hain. Sie schläferte den Drachen durch ein Zaubermittel ein, Iason nahm das Vlies von der Eiche, an der es hing, herunter, dann verließen beide eilig mit ihrem Raub den Hain, und nachdem Iason Medea geschworen hatte, sie
20 zu seiner Gemahlin zu machen, folgte sie ihm auf das Schiff. Die Griechen hieben die Taue ab und ruderten hurtig ins Meer hinaus.

Der Brudermord

Bald wurde der Raub des Vlieses und die Flucht der Königstochter entdeckt. Aietes sandte den Argonauten sei-
25 ne schnelle Flotte unter Führung seines Sohnes Absyrtos nach. Die Kolcher holten die fliehenden Griechen bald ein und umzingelten das Schiff. Da sprach Medea zu Iason: „Ich habe einmal gesündigt, indem ich dir in Vermessenheit das goldene Vlies verschaffte. Ich habe El-
30 ternhaus und Vaterland verlassen, zurück kann ich nicht mehr, so muss ich vorwärtsschreiten im Frevel und neue Schuld zu der alten auf mich laden. Ich will den Bruder durch Herolde[1] bitten lassen, zu uns herüberzukom-

---

[1] Ausrufer; Boten eines Fürsten

men, damit er mich selbst und das goldene Vlies in Empfang nehme. Alsdann magst du ihn töten. Wenn die Kolcher ihren Führer verloren haben, wirst du ihrer leicht Herr werden." So wurde Absyrtos von seiner Schwester in einen Hinterhalt gelockt und von Iason er- 5 mordet. Dann fielen die Argonauten über die Kolcher her wie Löwen über Schafherden und keiner der Kolcher entging dem Tode. So erkauften Iason und Medea die Rettung mit dem Blute ihres Bruders.

Alle Schuld rächt sich auf Erden

Aber die Rachegöttin, die nichts übersieht, hatte mit fins- 10 teren Augen die grässliche Tat geschaut und von nun an ruhte kein Segen mehr auf Iason und Medea. Erst nach mühseligen Irrfahrten erreichten sie den Hafen von Iolkos. Aber Iason gelangte nicht zu dem Thron, um dessentwillen er die gefahrvolle Fahrt bestanden, das Vlies 15 geraubt, Medea entführt, Absyrtos ermordet hatte. Er musste das Land dem Sohne des Pelias lassen und mit Medea nach Korinth flüchten. Dort lebten sie zehn Jahre miteinander und Medea gebar Iason drei Söhne. Als aber die Zeit die Reize ihrer Gestalt allmählich vertilgte, 20 wurde Iason von der Schönheit eines jungen Mädchens betört. Sie hieß Glauke und war die Tochter des Königs von Korinth. Iason teilte Medea mit, dass er Glauke zu heiraten gedächte und sie freiwillig auf die Ehe verzichten möge. 25
„Wie kannst du mich verstoßen!", rief Medea. „Um deinetwillen habe ich so ungeheure Schuld auf mich geladen, den Vater betrogen, Heimat und Vaterhaus verlassen und den Bruder gemordet!" Iason aber ließen ihre Worte kalt. Er ging und vermählte sich mit der jungen 30 Glauke. Medea sandte der glücklicheren Nebenbuhlerin als Brautgeschenk die kostbarsten goldgestickten Gewänder, aber sie hatte sie alle mit Gift durchtränkt, und kaum hatte Glauke sie angelegt, so empfand sie am ganzen Körper brennende Schmerzen. Sie starb unter 35 furchtbaren Qualen.

Die Nachricht von ihrem Ende aber stillte Medeas Rach-
sucht nicht, sondern entflammte sie nur noch mehr. Sie
eilte in die Kammer, darin ihre drei Söhne schliefen und,
um ihren Gatten tödlich zu verwunden, erwürgte sie
mit eigener Hand die Kinder, die sie ihm geboren hatte.
Dann fuhr sie auf einem mit Drachen bespannten Wagen durch die Luft davon. Als Iason die Leichen seiner
Kinder entdeckte, überkam ihn wilde Verzweiflung und
er stieß sich das Schwert in die Brust.

6. Herakles

Herkunft und Erziehung

Herakles war ein Sohn des Zeus und der Alkmene. Diese war eine Enkelin des Zeussohnes Perseus und die Gattin des Königs Amphitryon von Tiryns. Hera, die Gemahlin des Zeus, war eifersüchtig auf Alkmene und gönnte ihr den Sohn, von dessen Zukunft Zeus den Göttern Großes 5 verkündet hatte, nicht. Sie schickte zwei entsetzliche Schlangen aus, die den Säugling töten sollten. Sie ringelten sich an der Wiege empor und fingen an, den Hals des Kindes zu umwinden. Der Knabe erwachte. Das ungewohnte Halsband war ihm unbequem. Er ergriff die 10 Schlangen mit seinen kleinen Fäusten und drückte sie tot. König Amphitryon, der den Stiefsohn als Geschenk von Zeus betrachtete und stolz auf seine Schönheit und Stärke war, ließ ihm eine gute Erziehung zuteil werden. Unter der Leitung des weisen Kentauren Chiron[1] lernte 15

Bogenspannender Herakles. Aus dem Ostgiebel des sogenannten Aphaiatempels in Aegina. Ca. 490 v.-Chr., Marmor

[1] Kentaur: Fabelwesen mit Menschenkopf und -brust und Pferdeleib

Herakles die Künste des Wagenlenkens, des Bogenschie-
ßens, des Ring- und Faustkampfes, des Fechtens, des
Gesanges und des Leierspiels.

Glückseligkeit oder Tüchtigkeit?

Als Herakles 18 Jahre alt war, ging er eines Tages in eine
5 einsame Gegend, um darüber nachzusinnen, wie er sein
Leben gestalten solle. Da sah er auf einmal zwei Frauen
auf sich zukommen. Die eine war von hoher schmaler
Gestalt. Ihr Antlitz zeigte eine herbe Schönheit. Sie trug
ein schlichtes Gewand. Sie wirkte ein wenig streng. He-
10 rakles fühlte sich zunächst von der anderen mehr ange-
sprochen; deren Antlitz strahlte in blühender Schönheit,
die durch Puder und Schminke kunstvoll erhöht war.
Sie trug auffällige Kleider und kostbaren Schmuck:
Gold, Perlen und edle Steine. Sie war es auch, die He-
15 rakles zuerst mit wohlklingender Stimme anredete:
„Ich sehe", sprach sie, „dass du unschlüssig bist, welchen Weg durch das Leben du einschlagen sollst. Wähle
mich zur Freundin, ich werde dich die angenehmste
Straße führen, denn ich bin die Glückseligkeit. Ich be-
20 wahre dich vor Arbeit und Mühe, vor Krieg und Gefahr. Ich verschaffe dir jeden Genuss: ein herrliches
Haus mit blühenden Gärten, ein weiches, schwellendes
Ruhelager, Süßigkeiten, köstliches Obst, Kirschen, Pfir-
siche und Trauben und die erlesensten Getränke. Und
25 für das alles brauchst du dich nicht einmal anzustren-
gen." Nachdem sie geendet hatte, nahm die andere
Frau das Wort und sprach: „Ich will dir keine Genüsse
vorspiegeln, ich will dir vielmehr die Sache so darstellen, wie die Götter sie gewollt haben. Denn von allem,
30 was gut und wünschenswert ist, gewähren die Götter
den Menschen nichts ohne Mühe und Arbeit. Wünschest du, dass die Götter dir gnädig seien, so musst du
sie verehren; willst du, dass deine Freunde dich lieben,
so musst du ihnen nützlich sein; strebst du danach,
35 im Staate geehrt zu werden, so musst du dem Staate
Dienste leisten; willst du, dass Griechenland dich be-

wundert, so musst du Griechenlands Wohltäter sein. Es ist immer und überall dasselbe: Wer ernten will, der muss zuvor säen." Da fiel ihr die Glückseligkeit ins Wort und sagte zu Herakles: „Siehst du wohl, was für einen langen, mühseligen Weg zur Zufriedenheit dich 5 dieses Weib führen will? Ich hingegen erspare dir Mühe und Schweiß und leite dich auf kürzestem, bequemsten Weg zur Glückseligkeit."

„Dabei bringst du in Wirklichkeit die Menschen um ihr wahres Vergnügen", erwiderte die andere, „nur derjeni- 10 ge, der sich zuvor im Schweiße seines Angesichtes ge- müht hat, kommt mit wahrer Esslust zum Mahle. Wer aber den ganzen Tag mit Nichtstun verbracht hat, der kennt weder Hunger noch Durst, und die erlesenste Speise, durch die er seinen verwöhnten Gaumen zu rei- 15 zen sucht, schmeckt ihm nicht halb so gut wie dem Fleißigen nach rechtschaffener Arbeit die trockene Schnitte Brot. Köstlich ist die Ruhe des Feierabends nur nach vollbrachtem Tagewerk, erquickend ist der Schlaf nur für den, der tagsüber rastlos tätig war. Deine Freun- 20 de zechen und prassen bis tief in die Nacht hinein, sie verschlafen den halben Tag und erwachen mit schwe- rem Kopf, und das nennst du dann Glückseligkeit, aber in Wahrheit ist es nichts als Liederlichkeit, die die Ner- ven zerrüttet, die Sinne abstumpft und nichts übrig lässt 25 als eine ekle Leere. Ich aber bin die Tüchtigkeit. Ich befä- hige meine Freunde zu Leistungen. Dem fleißigen Handwerker helfe ich, immer bessere Waren anzuferti- gen, die unternehmenden Kaufleute sporne ich an, im- mer neue Länder ihrem Handel zu erschließen, die 30 Dichter und Bildhauer befähige ich, dass sie die höchs- ten menschlichen Vorstellungen in immer größerer Voll- endung in Wort und Stein darzustellen vermögen. Ich verleihe den Staatsmännern und Feldherren, dass ihr Wirken den Völkern zum Wohle gereicht. Die mir nach- 35 streben, gehen nicht ruhmlos unter. Sie haben zwar kein bequemes Leben, sondern ihr Dasein ist Arbeit und Mühe, Kampf und Gefahr, es ist ohne Rast und Ruhe. Aber ihre Taten und Werke sind ein Segen für die menschliche Gemeinschaft, und Mit- und Nachwelt ver- 40

künden ihren Ruhm." Kaum waren die Worte verklungen, da waren auch die Gestalten vor den Augen des Herakles verschwunden. Er zweifelte nicht einen Augenblick, welcher der beiden Frauen er folgen wollte.
5 Nur die Tüchtigkeit kam für ihn in Frage.

Herakles' erste Taten

Die Gelegenheit, Gutes zu tun, ließ nicht lange auf sich warten. Griechenland war damals noch voll von Wäldern und Sümpfen, von grimmigen Löwen, wütenden Ebern und anderen Ungeheuern. Herakles machte es
10 sich zur Aufgabe, das Land von Untieren zu säubern.
Die Herden des Königs Amphitryon wurden seit einiger Zeit auf das Furchtbarste heimgesucht von einem riesigen Löwen. Herakles fällte eine Pappel, schnitzte daraus eine gewaltige Keule, schlug damit dem Löwen auf den
15 Kopf, dass er betäubt wurde, und erwürgte ihn. Er zog ihm das Fell ab und trug es fortan um die Schultern, den Rachen des Löwen setzte er als Helm auf.
Als er von der Jagd heimkehrte, hörte er, dass der König der starken Minyer die schwächeren Thebaner zwinge,
20 ihm jährlich einen hohen Tribut[1] zu zahlen. Herakles aber fühlte sich verpflichtet, stets für die Gerechtigkeit einzutreten und alle Unterdrückten gegen die Gewalttätigkeit ihrer Unterdrücker zu schützen. An der Spitze einer kleinen Schar von thebanischen Jünglingen rückte er
25 gegen die Minyer, die an Zahl weit überlegen waren, ins Feld. An einem Engpass, wo die Größe seiner Kriegsmacht dem Feind nichts nützen konnte, vernichtete Herakles das Heer der Minyer, dann zerstörte er ihre Hauptstadt mitsamt der Königsburg. Ganz Griechen-
30 land bewunderte die Tat. Die Götter aber beschenkten den siegreichen Halbgott: Hermes gab ihm sein Schwert, Apollon Pfeile, Hephaistos einen goldenen Köcher, Athene einen Waffenrock.

---

[1]   Beitrag, Steuer

Herakles im Gigantenkampf

Herakles fand bald Gelegenheit, den Göttern für die Auszeichnung den Dank abzustatten. Denn die Giganten, die hässlichen, riesenhaften Kinder des ältesten Götterpaares, des Uranos und der Gaia, erhoben sich gegen Zeus, den neuen Weltenherrscher. Sie rissen die Berge 5 Ossa, Pelion, Öta und Athos aus ihren Wurzeln, türmten sie stufenweise aufeinander und klommen darauf zum Olymp empor. Den Göttern war geweissagt worden, dass sie die Giganten nur mithilfe eines Sterblichen vernichten könnten. Schnell ließ Zeus seinen Sohn Herakles 10 durch Athene zum Kampf auffordern. Als Herakles auf dem Olymp ankam, war dort schon der Kampf zwischen Göttern und Giganten in vollem Gange. Zeus schleuderte den Riesen seinen Donner entgegen, Ares durchbohrte sie mit seinem Speer, Apollon schoss seine 15 Pfeile auf sie ab, Dionysos schlug sie mit seinem Thyrsosstab[1] nieder, Hephaistos ließ glühende Eisenschlacke hageln. Doch die Giganten wehrten sich nicht schlecht. Mit funkelnden Riesenaugen blickten sie jetzt den Herakles an. Der aber rief lachend: „Das sind helle 20 Zielscheiben für meine Pfeile." Er spannte den Bogen, und von seinen Pfeilen getroffen sanken die Giganten dahin. Als alle vernichtet waren, gab Zeus dem Herakles den Ehrennamen Olympier. Den durften nur diejenigen Götter tragen, die sich im Kampf mit den Giganten be- 25 sonders ausgezeichnet hatten.

Wie Herakles die Arbeiten verrichtet,
die Eurystheus ihm aufträgt

Eurystheus, der König von Mykene, war gleich Herakles ein Urenkel des Perseus. Zeus hatte einst im Rat der Götter erklärt, derjenige Urenkel des Perseus, der

---

[1] Thyrsosstäbe: die in einem Pinienzapfen auslaufenden, mit Efeu und Weinlaub umwundenen Stäbe des Dionysos und der Mänaden (rasende Frauen)

zuerst geboren würde, sollte der Beherrscher aller übrigen Nachkommen des Perseus werden. Zeus hatte diese Ehre dem Herakles zugedacht. Aber Hera, die dem Sohne der Nebenbuhlerin dieses Glück nicht gönnte, ließ den
5 Eurystheus früher zur Welt kommen als Herakles. Eurystheus beschied nun Herakles als seinen Untertanen zu sich. Herakles aber fand es unter seiner Würde, einem Geringeren zu gehorchen. Er war so tief verletzt, dass er schwermütig wurde. Endlich aber entschloss er
10 sich doch, dem Ratschluss seines Vaters gemäß, dem König Eurystheus seine Dienste zu widmen. Dieser legte ihm zwölf schwere Arbeiten auf, die Herakles alle vollbrachte und von denen hier nur einige erwähnt seien. Herakles erlegte den nemeischen Löwen, der die Land-
15 schaft Argolis in Schrecken hielt. Er tötete die Hydra, ein schlangenartiges Ungeheuer mit 100 Köpfen, das in einem Sumpfe bei Lerna hauste. Er reinigte den Stall des Königs Augias, in dem 3000 Rinder jahrelang gestanden hatten, ohne dass der Mist hinausgeworfen worden wä-
20 re, indem er zwei nicht weit entfernte Flüsse abgrub und das Wasser in den Stall leitete, sodass die Fluten den Unrat in einem Tage hinwegspülten. Der elfte Auftrag des Eurystheus lautete: „Bring mir die goldenen Äpfel von dem Baum, den die Urmutter Gaia dem Zeus und
25 der Hera als Hochzeitsgeschenk am Rande der Welt hat hervorsprossen lassen." Dieser Baum stand in einem Garten, den vier Jungfrauen, Hesperiden genannt, Töchter der Nacht, pflegten. Außerdem wurde der Garten bewacht von einem hundertköpfigen Drachen. Herakles
30 fuhr mit den Argonauten über das Schwarze Meer, befreite den an den Kaukasus geschmiedeten Prometheus; dann kam er in das Land, wo Atlas die Last des Himmelsgewölbes auf seinen Schultern trug. Von da war es nicht mehr weit bis zum Gestade des Weltmeeres, an
35 dem der Garten der Hesperiden lag. Herakles bat den Atlas, er möge ihm die Äpfel holen, er wolle inzwischen für ihn das Himmelsgewölbe tragen. Atlas zeigte sich willig und Herakles stemmte die mächtigen Schultern dem Himmelsgewölbe unter. Atlas tötete den Drachen,
40 überlistete die Hesperiden und kam mit drei Äpfeln, die

er gepflückt, glücklich bei Herakles an. Doch nun wollte
er die Last des Himmels nicht wieder auf sich nehmen.
Er ließ den Halbgott einfach mit der ungewohnten Bürde stehen. Herakles sprach zu Atlas: „Ich will ja gerne
für dich das Gewölbe tragen. Doch ich möchte mir eine 5
Matte von weichen Binsen[1] auf die Schultern legen, damit die Last mich nicht drückt. Sei so gut und nimm nur
für einen Augenblick das Himmelsgewölbe auf deine
Schultern. Ich löse dich gleich wieder ab." Atlas erfüllte
die Bitte. Aber auf die Ablösung konnte er lange warten. 10
Herakles raffte die Äpfel von der Erde auf und machte
sich eilig aus dem Staube.

Herakles' Vermählung mit Deianeira
und sein Ende

Endlich kam der Tag, da Herakles genug gedient hatte
und wieder ein freier Mann war. Er heiratete Deianeira,
die Tochter des Königs von Ätolien. Auf der Heimfahrt 15
mit ihr musste er über einen Fluss setzen, der eben hoch
angeschwollen war. Da kam der Kentaure Nessus und
erbot sich, Deianeira auf seinem Rücken hinüberzutra-
gen. Als er jedoch mit ihr am andern Ufer war, raste er
mit ihr im Galopp davon, um sie zu entführen. Doch 20
Herakles schoss ihm einen mit Gift bestrichenen Pfeil
durch den Leib. Nessus aber sann sterbend auf Rache.
Er sprach zu Deianeira: „Sammle das Blut, das aus meiner Todeswunde quillt, auf. Sollte sich das Gemüt deines Mannes je von dir abkehren und einer anderen zu- 25
wenden, so färbe mit meinem Blut sein Gewand, und du
wirst seine Liebe zurückgewinnen." Deianeira tat nach
seiner Vorschrift, sammelte das Blut, das durch das Gift
dickflüssig wie eine Salbe geworden war, in ein Gefäß,
das sie bei sich hatte, und bewahrte es sorgfältig auf. 30
Die Vermählung des Helden brachte in seiner Lebens-
weise keine Veränderung hervor. Nach wie vor voll-

---

[1] grasartige Sumpfpflanzen

brachte er große Taten. In einem Kampf auf der Insel Euböa gewann er die schöne Königstochter Iole als Beute. Er sandte sie mit einer Schar anderer Gefangenen zu Deianeira. Ein ränkesüchtiger Diener aber flüsterte Dei-
5 aneira zu, dass Herakles ihr die Iole nicht als Sklavin, sondern als Nebenbuhlerin ins Haus geschickt habe. Deianeira ging in ihre Kammer und färbte mit dem Blute des Nessus ein schönes Gewand für ihren Gemahl und sandte es ihm nach Euböa. Herakles wollte eben
10 zum Dankgottesdienst gehen, als der Bote ihm das Kleid brachte. Er legte es noch schnell an und, so geschmückt, begann er die Opferung von zwölf Stieren. Mitten im Gebet aber fühlte er einen brennenden Schmerz am ganzen Körper. Er versuchte das Gewand
15 vom Leibe zu reißen, aber es saß fest, als sei es angelötet. Rasend vor Schmerz wälzte Herakles sich auf der Erde und schrie. Er ergriff den unseligen Überbringer des Kleides und zerschmetterte ihn an den Felsen des Meeres. Herakles fühlte, dass er aus dem irdischen Leben
20 scheiden musste. Er ließ sich seinen Qualen zum Trotz auf einem Schiff nach Griechenland bringen. Dann mussten seine Getreuen ihn auf den Gipfel des Berges Öta tragen. Hier ward auf seinen Befehl ein Scheiterhaufen errichtet, auf welchen der kranke Held sich niederlegte.
25 Dann ließ er den Holzstoß von unten anzünden. Sobald das geschehen war, schlugen Blitze vom Himmel darein und beschleunigten die Flammen.
Dann senkte sich eine Wolke herab auf den Holzstoß und trug den Unsterblichen unter Donnerschlägen zum
30 Olymp empor. So wurde er aus dem Kreise der Menschen in den der Himmlischen versetzt. Selbst Hera grollte ihm nun nicht mehr, sie gab ihm ihre Tochter Hebe, die Göttin der ewigen Jugend, zur Gemahlin. Hinfort wurde Herakles von ganz Griechenland als Gottheit
35 verehrt.

7. Die Sage von Ödipus

Wie Eltern und Sohn dem Geschick, das der Orakelspruch verkündigt hatte, zu entgehen suchten

Laïos war König von Theben. Er war vermählt mit Iokaste, der Tochter eines vornehmen Thebaners. Aber sie hatten kein Kind. Da flehte Laïos im Heiligtum zu Delphi den Gott Apollon um ein Kind an. Es wurde ihm der Orakelspruch[1] zuteil: „Dir soll ein Sohn geboren werden, der wird seinen Vater erschlagen und seine Mutter heiraten." Bald danach bekam Iokaste wirklich einen Sohn. Um dem fürchterlichen Geschick, das ihnen nach dem Orakelspruch durch den Sohn zugefügt werden sollte, zu entgehen, ließen die Eltern den neugeborenen Knaben mit durchstochenen und zusammengeschnürten Füßen durch einen Hirten in dem wilden Waldgebirge Kithairon aussetzen. Der Hirte aber hatte Mitleid mit dem unschuldigen Kindlein, das so schöne blaue Augen hatte, und er übergab es einem anderen Hirten, der im Gebirge die Herden des Königs Polybos von Korinth weidete. Dieser nahm es mit ins Königsschloss. Das wohlgebildete Knäblein gefiel der Königin Merope sehr, und da das Königspaar kinderlos war, nahm es den Knaben an Kindes statt an. Polybos und Merope nannten den Findling Ödipus, d.h. Schwellfuß. Sie zogen ihn mit so viel Liebe auf, dass Ödipus auch nicht im Traum der Gedanke einfiel, sie könnten seine rechten Eltern nicht sein. Da wurde er durch einen Zufall in einen Abgrund von Zweifel gestürzt. Er war schon fast erwachsen und nahm an einem Festmahl teil. Da rief ihm in später Stunde ein Gefährte, der ihn beneidete und an diesem Abend zu viel getrunken hatte, zu: „Du bist ja gar nicht des Königs Sohn, du bist ja nur ein Findling!" Am anderen Morgen fragte Ödipus den König und die

---

[1] Orakel: Weissagung durch einen Priester oder eine Priesterin

Königin, ob das wahr sei, was der Gefährte behauptet habe. Polybos und Merope erschraken sehr, schalten auf den Schmäher, der solche üble Rede aufgebracht, und suchten dem Sohn seine Zweifel auszureden. Aber es
5 gelang ihnen nicht. Heimlich nagte das Misstrauen an Ödipus' Herzen und eines Tages ergriff er den Wanderstab, um nach Delphi zu gehen und das Orakel nach seiner Abkunft zu fragen. Aber statt einer Antwort auf seine Frage erhielt er den Bescheid: „Du wirst deinen Vater
10 erschlagen und deine Mutter heiraten." „Wie könnte ich solches tun?", dachte Ödipus; denn sein Herz sagte ihm doch immer noch, dass so liebevolle Eltern wie Polybos und Merope seine rechten Eltern sein müssten. Aber um jeder Möglichkeit, den Vater zu erschlagen und die Mut-
15 ter zu heiraten, von vornherein auszuweichen, beschloss er, niemals in die Heimat zurückzukehren; sondern er schlug den Weg nach Theben ein.

Wie Ödipus seinen Vater erschlug

Unterwegs begegnete ihm in einem Hohlweg ein Wagen, darin saß ein weißhaariger Mann von edler Gestalt.
20 Er war begleitet von vier Dienern. Der Wagenlenker schrie Ödipus an, er solle Platz machen. Der Königssohn war aufgebracht über den Ton, mit dem der Wagenlenker ihn anzureden wagte, und versetzte ihm einen Schlag mit seinem Wanderstab. Sogleich fielen die ande-
25 ren Bedienten über Ödipus her und es kam zu einem wilden Handgemenge. Der Greis beugte sich aus dem Wagen und um seinen Leuten zuhilfe zu kommen, versetzte er Ödipus mit seinem Stachelstab einen Schlag auf den Kopf. Dadurch ward Ödipus außer sich gebracht.
30 Zum ersten Mal bediente er sich der Heldenstärke, die ihm die Götter verliehen hatten. Wutentbrannt hieb er um sich und erschlug den Greis und drei seiner Diener. Nur einem gelang es, nach Theben zu entkommen. Der Greis aber war niemand anders als König Laïos, des
35 Ödipus leiblicher Vater. Er befand sich auf dem Wege nach Delphi, um den Gott Apollo nach dem Schicksal

seines ausgesetzten Sohnes zu befragen. Also hatte sich ein Teil des Orakelspruches erfüllt. Ödipus aber kam nicht die leiseste Ahnung, dass er etwas anderes getan als aus Notwehr einen Böotier und seine Knechte, die ihm ans Leben wollten, erschlagen. 5

Wie Ödipus seine Mutter heiratete

Ödipus setzte seine Wanderung fort. In allen Dörfern und Städten, durch die er zog, sprachen die Leute von nichts anderem als von der Sphinx, die vor der Stadt Theben, die noch ganz von Trauer um ihren König Laïos erfüllt war, – der – niemand wusste von wem – auf der 10 Reise erschlagen worden war, erschienen war. Die Sphinx, das war ein geflügeltes Ungeheuer mit dem riesigen Leib eines Löwen und dem Haupt einer Jungfrau; sie war eine Schwester des Höllenhundes Cerberus, der Hydra von Lerna und der Feuer speienden Chimära. Sie 15 verwüstete die Fluren rings um die Stadt, fiel ein in die Herden und fraß alle Menschen, deren sie habhaft werden konnte. Sie hatte jedoch verlauten lassen, dass sie die Stadt in Frieden lassen wolle, wenn es einem ihrer Bewohner gelänge, das Rätsel, das sie ihm aufgab, zu lösen. 20 Nun hatten schon viele kluge und tapfere Männer versucht, das Rätsel zu erraten. Aber keinem war die Auflösung gelungen und die Sphinx hatte sie alle zerrissen und aufgefressen. Zuletzt war sogar der Neffe der Königin Iokaste, ihres Bruders Kreon blühender Sohn, ver- 25 schlungen worden. In dieser Not machte Kreon bekannt, dass demjenigen, der die Stadt von der Würgerin befreien würde, das Reich und seine Schwester Iokaste als Gemahlin zuteil werden solle. Eben, als die Ausrufer diese Bekanntmachung laut verkündigten, betrat Ödipus an 30 seinem Wanderstab die Stadt. Ödipus dachte: „In meines Vaters Reich darf ich nicht zurückkehren, aber hier bietet sich eine gute Gelegenheit, dass ich mir ein anderes Königreich erwerbe." Und da er keine Furcht kannte, begab er sich ohne Zögern zu dem Felsen, auf dem die Sphinx 35 lag. Sie legte ihm das Rätsel vor und sprach: „Es ist am

Morgen vierfüßig, am Mittag zweifüßig, am Abend drei-
füßig. Von allen Geschöpfen wechselt es allein mit der
Zahl seiner Füße; aber eben, wenn es die meisten Füße
bewegt, sind Kraft und Schnelligkeit seiner Glieder am
5 geringsten." Ödipus lächelte und sprach: „Furchtbar einfach, dein Rätsel ist der Mensch! Am Morgen seines Lebens, solange er ein schwaches und kraftloses Kind ist,
geht er auf seinen zwei Füßen und seinen zwei Händen;
ist er erstarkt, so geht er am Mittag seines Lebens nur auf
10 zwei Füßen; ist er endlich als Greis am Abend seines Lebens angekommen, so bedarf er der Stütze und nimmt
als dritten Fuß einen Stab zur Hilfe." Das Rätsel war gelöst und die Sphinx stürzte sich aus lauter Wut darüber
selbst vom Felsen zu Tode. Die Thebaner liefen ihrem Be-
15 freier jubelnd entgegen, begrüßten ihn mit brausenden
Rufen als ihren König, trugen ihn auf ihren Schultern in
den Königspalast und legten seine Hände in die Hände
der Königin Iokaste; und sie, die seine Mutter war, wurde nun seine Frau. So hatte sich also auch der zweite Teil
20 der Weissagung erfüllt, ohne dass Iokaste und Ödipus es
wussten.

Wie die Schuld des Ödipus enthüllt wurde

Lange Zeit schlief das grauenhafte Geheimnis. Ödipus
herrschte als guter und gerechter König über Theben. Er
liebte Iokaste über alles. Sie bekamen vier Kinder: zwei
25 Söhne: Eteokles und Polyneikes, und zwei Töchter: Anti-
gone und Ismene. Diese Kinder wuchsen kräftig und
schön zum Stolz und zur Freude der Eltern heran und
sie waren eine glückliche Familie. Da sandten eines Tages die Götter eine Pest ins Land, die unzählige Opfer
30 forderte. Die Thebaner, die sich nicht mehr zu helfen
wussten, zogen vor den Königspalast, denn sie meinten,
ihr König, der sie einst von der Sphinx befreit, könnte
sie auch aus dieser Not erretten. Ödipus hatte bereits seinen Schwager Kreon, der zugleich sein Oheim[1] war, nach

---

[1] Onkel

Delphi gesandt, damit er das Orakel frage, was man tun
sollte, um das Unheil von der Stadt abzuwenden. Eben
jetzt kehrte Kreon zurück und verkündete vor dem versammelten Volke den Bescheid des Orakels. Er lautete,
eine schwere Blutschuld laste auf dem Land, nämlich 5
der Mord an König Laïos. Nicht eher werde die Pest auf-
hören zu wüten, als bis dieses Verbrechen seine Sühne
gefunden habe. Da sprach Ödipus: „Derjenige, der König Laïos erschlagen hat, der sei geächtet, er sei auch,
wer er sei. Keiner soll ihn grüßen, keiner soll ihn aufneh- 10
men. An keinem Gottesdienst soll er teilnehmen dürfen.
Er sei ausgeschlossen von Gebet und Opfer und Segen.
Er sei aus Haus und Stadt und Land verstoßen. Ich ver-
wünsche ihn, der diesen Mord vollbracht; er friste ein
freudenlos elendes Dasein. Und wenn er unter diesem 15
Dach, an meinem Herd verweilt, ohne dass ich es wissen
sollte, so möge an mir der Fluch vollendet werden, den
ich über andere sprach." Danach sandte Ödipus Boten
durch das ganze Land, die sollten nachforschen, ob sie
irgendwo eine Spur des Mörders fänden. Außerdem ließ 20
er den blinden Seher[1] Teiresias, der an Einsicht und Blick
ins Verborgene fast dem wahrsagenden Apollon selber
gleichkam, holen. Dieser erschien alsbald, von einem
Knaben geführt, vor der Volksversammlung. Ödipus bat
ihn, er möge ihm mit seiner Seherkunst helfen, heraus- 25
zubekommen, wer der Mörder sei. Aber Teiresias brach
in einen Weheruf aus und sprach, indem er seine Hände
abwehrend gegen den König ausstreckte: „Entsetzlich ist
das Wissen, das den Wissenden nur Unheil bringt! Lass
mich heimkehren, o König, und erspare es mir, dass ich 30
reden muss." Ödipus aber drang nur umso mehr in ihn,
und als Teiresias sich immerfort weigerte zu sprechen,
da sagte Ödipus endlich: „Da du so hartnäckig die Aussage verweigerst, muss ich annehmen, dass du am
Mord, der an Laïos geschah, mitschuldig bist." Diese 35
Anklage löste jedoch dem blinden Propheten die Zunge
und er rief: „Da du es denn nicht anders willst, so höre,

---

[1] Weissager

Ödipus, du selbst bist der Mörder!" Ödipus aber war
wie mit Blindheit geschlagen, immer noch kam ihm keine Ahnung, dass jener Greis, den er im Hohlweg tötete,
König Laïos gewesen sei. Er nannte Teiresias einen Lüg-
5 ner und Gaukler, der nichts Rechtes wisse. Ja, er ver-
dächtige sogar seinen Schwager Kreon, dass er Teiresias
zu dieser Aussage bewogen habe, um ihn, den Erretter
der Stadt, zu stürzen. Und Iokaste stimmte ihm bei, indem sie sagte: „Um euch zu zeigen, wie wenig die Seher
10 wissen, will ich euch nur ein Beispiel erzählen. Mein
erster Gatte hatte die Weissagung erhalten, dass er
durch Sohneshand sterben werde. Nun, unser Sohn
wurde an den Füßen gebunden ins wilde Gebirge geworfen und nicht drei Tage alt. Laïos selbst aber verlor,
15 wie uns der überlebende Knecht berichtete, sein Leben
durch eine Räuberbande, die ihn in einem Hohlweg
überfiel. Seht, so erfüllen sich die Sprüche der Seher."
Diese Worte aber machten auf Ödipus einen ganz anderen Eindruck, als Iokaste erwartet hatte. „In einem
20 Hohlweg?", fragte er mit weit aufgerissenen Augen und
es fuhr ihm wie ein Blitzstrahl durch seine Seele und er
ahnte plötzlich die Zusammenhänge. Er sandte sofort
nach dem Knecht, der den Mord gemeldet und der, sowie er den Ödipus auf dem Thron gesehen, flehentlich
25 gebeten hatte, ihn so weit als möglich von der Stadt weg
als Hirten auf die Weiden des Königs zu schicken. Ehe
er jedoch ankam, erschien ein Bote aus Korinth, der meldete dem Ödipus den Tod seines Vaters Polybos und rief
ihn auf den erledigten Thron des Landes. Ödipus atmete
30 erleichtert auf, dass der Vater, den er umbringen sollte,
nun eines sanften Todes an Altersschwäche gestorben
war. Ödipus tat dem Boten das Orakel, das ihm geworden war, kund und sagte, solange seine Mutter Merope
noch lebe, wollte er nicht nach Korinth zurückkehren.
35 Der Bote aber war jener Hirte, der den Knaben einst im
Walde von dem Hirten des Laïos bekommen und ihn
nach Korinth gebracht hatte. Und er meinte, sich guten
Dank zu verdienen, indem er sagte, dass Ödipus nicht
des Polybos Sohn sei, sondern auf dem Berge Kithairon
40 gefunden worden sei.

Kaum hatte Iokaste das gehört, so verfärbte sie sich und wich mit einem Weheruf in das Innere des Palastes zurück. Jetzt erschien der greise Hirte, der als Einziger dem Morde entronnen war. Er wurde von dem Korinther sogleich auch als derjenige erkannt, der ihm einst 5 den Knaben auf dem Berge Kithairon übergeben hatte. Und der greise Hirte bestätigte dem Ödipus, was er geahnt, dass er nämlich der Sohn des Laïos und der Iokaste sei; dass er ihn wegen des furchtbaren Götterspruches habe aussetzen sollen, dass er ihn aber aus Mitleid am 10 Leben erhalten habe.

Wie Iokaste und Ödipus ihre Schuld sühnten

So war nun aller Zweifel behoben und das Entsetzliche enthüllt. Ödipus wankte mit irren Blicken in den Palast zurück, um sich vor allen Menschen zu verbergen. Er trat in sein Schlafgemach ein, da fand er Iokaste erhängt 15 über der Bettstatt. Er stöhnte entsetzlich auf, löste die Stricke und ließ den Leichnam zur Erde hernieder, dann nahm er die goldenen Brustspangen von ihrem Gewande und stieß sich mit den spitzen Nadeln die Augen aus und rief dabei, weil seine Augen nicht gesehen hätten, 20 was er Böses getan und erlitten, sollten sie nun ewig dunkel sein. Dann ließ er sich hinausführen und stellte sich dem ganzen Thebanervolke vor als Vatermörder und Muttergatten, als einen Fluch des Himmels und als Scheusal der Erde. Aber das Volk empfing den einst so 25 geliebten und verehrten Herrscher, der unschuldig so ungeheure Schuld auf sich geladen, nicht mit Abscheu, sondern mit innigem Mitleid. Ödipus übergab nun seinem Schwager und Oheim Kreon den Thron, damit er ihn bewahre für seine unmündigen Söhne. Für die unse- 30 lige Iokaste erbat er ein Grab. Danach segnete er den Kreon und wünschte ihm und allem Volk besseren Schutz der Götter, als er selbst erfahren hatte. Dann ging der mächtige Herrscher Thebens, dem viele Tausende gehorcht, der das Rätsel der Sphinx gelöst hatte und erst 35 so spät das furchtbare Rätsel seines eigenen Lebens, als

ein blinder Bettler durch die Tore seiner Vaterstadt ins Elend hinaus. Antigones Herz aber entbrannte in heißer Kindesliebe, als sie den verstoßenen Vater so sah. Da verließ auch sie den Königspalast und folgte dem Vater
5 in die Verbannung. Sie lenkte die Schritte des Blinden, Hitze und Kälte, Sturm und Regen, Hunger und Durst hielt die zarte Jungfrau mit dem Vater aus, bis sich dann nach langen, mühseligen Wanderungen in einem, den Erinnyen[1] geheiligten Hain in Kolonos nahe bei Athen
10 die Schwelle der Unterwelt sanft und lautlos für den Dulder öffnete und er ohne Pein sachte wie auf Geisterflügeln zur Tiefe hinabgetragen wurde; denn er hatte sein Vergehen, das er unfreiwillig begangen hatte, genug gebüßt.

---

[1] Rachegöttinnen

8. Die Sagen von Troja

Wie Troja erbaut wurde

An der Westküste Kleinasiens, dort, wo das hohe Idagebirge nach dem Meere abgedacht sich in eine Ebene verliert, herrschte ein König mit Namen Tros. Sein Geschlecht stammte von Zeus, dem Vater der Götter und
Menschen, ab. Nach diesem Tros wurde die Küstenland- 5
schaft am Fuße des Idagebirges Troas und der offene
Hauptort des Landes Troja genannt.
Nachfolger des Königs Tros war sein ältester Sohn Ilus.
Dieser wurde einstmals vom König des Nachbarlandes
zu Kampfspielen eingeladen und trug im Ringkampf 10
den Sieg davon. Als Kampfpreis erhielt er eine bunt-
scheckige Kuh, die ihm der fremde König mit der Weisung eines Orakelspruches übergab: Wo sie sich nieder-
legen würde, da sollte er eine Burg bauen. Ilus folgte der
Kuh, sie lagerte sich auf einem Hügel in der Nähe von 15
Troja. Ilus bat seinen Ahnherrn Zeus, er möge ihm ein
Zeichen geben, dass die Errichtung einer Burg an dieser
Stelle dem Herrn des Himmels und der Erde genehm
sei. Da warf Zeus ein Standbild seiner Tochter, der Göttin Athene, vom Himmel auf den Hügel hinunter. Es 20
war drei Ellen[1] hoch, hielt in der rechten Hand einen er-
hobenen Speer und in der linken Rocken[2] und Spindel.
Hocherfreut erkannte Ilus darin ein Zeichen, dass Zeus
und Athene die Burg, die er erbauen wollte, unter ihren
besonderen Schutz nehmen würden. Er errichtete eine 25
gewaltige Feste mit hohen Türmen und dicken Mauern
und nannte sie nach sich selbst Ilion.
Als König Ilos gestorben war, übernahm sein Sohn Laomedon die Herrschaft. Dieser aber war ein gewalttätiger
Mann. Er plante, den offenen Flecken Troja mit einer un- 30

---

[1] altes Längenmaß: 60 – 80 cm
[2] hölzerner Stab, um den die zu verspinnenden Fasern geschlungen
    sind

einnehmbaren Mauer zu umgeben und ihn zu einer befestigten Stadt zu machen. Zeus vernahm mit Wohlgefallen von diesem Plan; denn Troja war seine
Lieblingsstadt. Nun hatten sich zu dieser Zeit Poseidon
5 und Apollon gegen ihn empört. Zeus beschloss, dass sie
zur Strafe den Bau der Ringmauer ausführen und so in
harter Arbeit ihr Vergehen sühnen sollten. Die Göttersöhne boten also dem Laomedon ihre Hilfe an, und
nachdem der König einen guten Lohn versprochen hat-
10 te, gingen sie rüstig ans Werk. Breit und wuchtig stieg
unter ihrer Leitung alsbald eine undurchdringliche
Schutzmauer rund um die Stadt Troja empor. Nach einem Jahr war die Befestigung Trojas vollbracht und die
Göttersöhne forderten ihren Lohn für die vorzügliche
15 Arbeit. Laomedon, der trügerische Mensch, aber sagte:
„Wenn ihr nicht auf der Stelle schweigt und macht, dass
ihr wegkommt, dann lasse ich euch Hände und Füße
fesseln und die Ohren abschneiden." Da schieden die
Götter in großem Zorn von Troja als Todfeinde des Kö-
20 nigs und des Volkes und sannen darauf, die Stadt zu
verderben.

Das Schiedsgericht des Paris

Laomedon wurde später von Herakles erschlagen, weil
er auch ihm gegenüber wortbrüchig geworden war. Ihm
folgte sein Sohn Priamos in der Regierung. Dieser war in
25 zweiter Ehe vermählt mit Hekabe. Hekabes erstgebore-
ner Sohn war Hektor. Als die Geburt ihres zweiten Kindes herannahte, verkündete ein Wahrsager, die Königin
werde einen Sohn gebären, der werde seine Vaterstadt
verderben. Wirklich bekam Hekabe einen Sohn. Da sag-
30 ten sich der König und die Königin, sie dürften es nicht
zulassen, dass ihr Kind ihrer Stadt und ihrem Volke den
Untergang bereite; besser sei es, das Kind verderbe, als
dass die ganze Stadt umkomme, und sie ließen das Kind
von einem Sklaven auf dem Berge Ida aussetzen, damit
35 die wilden Tiere es auffräßen. Aber es kam eine Bärin
und säugte das Kind, sodass es nicht verhungerte, und

am fünften Tage fand ein Hirte den Jungen, nahm ihn als seinen eigenen mit in seine Hütte und nannte ihn Paris. Er wurde ein kräftiger und schöner Jüngling.

Eines Tages stand er auf grüner Weide im Schatten eines Baumes und blickte hinunter auf die Stadt Troja und das ferne Meer. Da erbebte die Erde um ihn her vom Schritte eines Gottes. Ein Schauer der Ehrfurcht überrieselte den Jüngling. Als er die Augen aufhob, stand Hermes, der Götterbote, vor ihm und wies auf drei himmlische Frauen, die auf leichten Füßen über das weiche grüne Gras auf Paris zuschritten. „Fürchte dich nicht", sprach Hermes zu Paris, „die Göttinnen haben dich zu ihrem Schiedsrichter erwählt. Eris, die Göttin der Zwietracht, hat bei einem himmlischen Hochzeitsmahl einen goldenen Apfel mit der Aufschrift ‚Der Schönsten' unter die Gäste geworfen. Du bist erkoren zu entscheiden, welche von diesen dreien die schönste ist."

Da trat die stolzeste der drei Frauen, die an Wuchs und Hoheit die beiden anderen überragte, zu Paris und sprach: „Ich bin Hera, die Gemahlin des Zeus. Wenn du mir den Apfel zuerkennst, so gebe ich dir die Herrschaft über das größte und schönste Königreich der Erde."

Da sprach die mit der hohen, schön gewölbten Stirn, den klugen, tiefblauen Augen und dem jungfräulichen Ernst im Angesicht: „Ich bin Athene, die Göttin der Weisheit. Wenn du mir den Sieg erteilst, sollst du den Ruhm der höchsten Weisheit unter den Menschen ernten."

Da schaute die jüngste und zarteste der Göttinnen ihn lächelnd an und sprach: „Ich bin Aphrodite, die Göttin der Liebe. Wenn du mir den Apfel zusprichst, so gebe ich dir das schönste Weib der Erde zur Gemahlin."

Da erteilte Paris der Liebesgöttin den Preis. Hera und Athene aber wandten ihm zornig den Rücken und schworen, sie wollten die Beleidigung, die er ihnen angetan habe, an ihm und an Volk und Land der Troer rächen. Aphrodite jedoch schied mit holdseligem Gruß, nachdem sie ihr Versprechen mit feierlichem Eide bekräftigt hatte.

Nicht lange danach lud Priamos die Jünglinge des Landes zu Sportwettkämpfen nach Troja ein. Als Kampf-

preis hatte er den schönsten Stier im Lande ausgesetzt.
Das war aber ein Stier von der Herde des Paris. Paris
hatte ihn besonders gern, aber er durfte ihn dem Könige
nicht verweigern. Er beschloss jedoch, sich das schöne
5 Tier wieder zu erkämpfen und begab sich nach der Stadt
Troja, die er bis dahin noch nie betreten hatte. Er besiegte im Kampfspiel alle troischen Jünglinge, sogar seinen
Bruder Hektor, der als der Schnellste und Stärkste bekannt war. Kassandra aber, seine Stiefschwester aus der
10 ersten Ehe des Priamos, welche von den Göttern die
Wahrsagegabe erhalten hatte, erkannte in ihm den ausgesetzten Bruder und führte ihn den Eltern zu, die über
die Freude des Wiedersehens die verhängnisvolle Weissagung, die ihnen bei seiner Geburt geworden, ganz
15 vergaßen und ihn als ihren Sohn aufnahmen.

Das Urteil des Paris. Nationalmuseum Palermo

Wie Paris Helena entführte

Um jene Zeit rüstete König Priamos ein großes Kriegs-
heer gegen Griechenland aus, um seine Schwester
Hesione, die zu Lebzeiten seines Vaters von den Griechen entführt worden war, nach Troja zurückzuholen.
Das Heer wurde auf zahlreichen Schiffen ausgesandt 5
und die Führung wurde Paris anvertraut.
Auf der Insel Kythere legte er an, um in einem Tempel,
dessen schneeweiße Marmorsäulen aus einem grünen
Hain hervorleuchteten, der Göttin Aphrodite ein Opfer
zu bringen. Als er das Opfer am Altar dargebracht 10
hatte und sich zum Ausgang des Tempels wandte,
betrat Helena, die schönste Frau ihrer Zeit, das Heiligtum; denn sie wollte ebenfalls der Liebesgöttin
opfern. So wie Paris sie erblickte, ward ihm klar,
dass nur dieses Weib es sein könne, das Aphrodite 15
ihm zum Lohn für sein Urteil bestimmt hatte. Helena
war aber die Gemahlin des Königs Menelaos von
Sparta.
Nachdem sie geopfert hatte, bestieg sie ihr Schiff und segelte nach Sparta zurück. Paris aber folgte ihr und wur- 20
de von ihr gastlich empfangen. König Menelaos war
nicht zu Hause, er weilte bei seinem Freunde Nestor.
Helena ließ ein festliches Mahl bereiten. Nachdem die
beiden gespeist hatten, ergriff Paris sein Saitenspiel und
betörte mit süßen Tönen den Sinn der Königin. Sie 25
schaute nur immerzu die schöne Gestalt des mit orienta-
lischer Pracht gekleideten jungen Königssohnes aus
Kleinasien an und das Bild ihres Gemahls erbleichte in
ihrem Geiste. Paris aber vergaß den Auftrag, mit dem
der Vater ihn nach Griechenland gesandt hatte. Er dach- 30
te nur daran, wie er Helena gewinnen könnte. Als er
sah, dass sie ihm geneigt war, führte er sie auf sein
Schiff, ließ auch durch seine Krieger die Schätze des
spartanischen Königs mitnehmen und segelte nach einer
einsamen Insel, wo beide, Helena und Paris, Heimat 35
und Vaterland vergaßen und von den mitgebrachten
Schätzen des Menelaos lange Zeit herrlich und in Freuden lebten.

Wie die Griechen sich zum Kriege gegen Troja rüsteten

Als die Griechen hörten, wie Paris das Gastrecht auf niederträchtige Weise missbraucht und den Frieden verletzt hatte, waren sie empört. Menelaos eilte entrüstet zu seinem Bruder, dem König Agamemnon von Mykene.
5 Die Brüder beschlossen, Troja den Krieg zu erklären, und forderten alle griechischen Fürsten zur Teilnahme an dem Rachezug auf. Da kamen der greise Nestor, der tapfere Diomedes, der starke Ajax und viele andere mehr mit ihren Kriegsscharen. Ganz Griechenland erhob
10 sich, um die Schmach zu rächen.

Nur zwei Fürsten hatten ihre Zustimmung noch nicht gegeben: Odysseus und Achilleus. Odysseus von Ithaka, ein sehr schlauer und listenreicher Mann, hatte eine junge schöne Frau, Penelope, und ein Söhnchen, Telema-
15 chos, und sagte: „Ich werde Weib und Kind doch nicht verlassen, weil die treulose Helena ihrem Menelaos davongelaufen ist." Als Menelaos bei ihm erschien, tat er, als hätte er den Verstand verloren. Er spannte einen Ochsen und einen Esel zusammen vor einen Pflug und
20 säte Salz anstatt des Weizens auf den Acker. Menelaos aber legte den kleinen Telemachos vor den Pflug. Odysseus hob den Pflug behutsam über das Kind hinweg. „Da sieht man", sagte Menelaos, „dass du sehr wohl weißt, was du tust und bei klarem Verstande bist." Nun
25 konnte Odysseus sich nicht länger weigern, an dem Zuge teilzunehmen.

Achilleus war der Sohn des Peleus und der Meeresgöttin Thetis. Der Seher Kalchas hatte geweissagt, dass Troja nur unter Beihilfe des Achilleus erobert werden könn-
30 te. Als Thetis das hörte, steckte sie ihren Sohn in Mädchenkleider, brachte ihn zu einem König, der sehr viele Töchter hatte, und sprach: „Sei so gut und erziehe dieses Mädchen mit deinen Töchtern." Kalchas aber entdeckte den Aufenthaltsort des Achilleus und es wurde
35 beschlossen, dass Odysseus ihn holen sollte. Um ihn aus der Mädchenschar herauszufinden, gebrauchte er eine List. Er verkleidete sich als Händler und ging in den

Saal zu den Königstöchtern. Er hatte zwei Kästen mitge-
nommen: In dem einen lagen bunte Bänder, schön ge-
stickte Gürtel, Perlenketten, goldene Ringe und Schnal-
len, in dem anderen aber Schilde und Speere. Die
Mädchen drängten sich sogleich um den Kasten mit 5
dem bunten Schmuck, Achilleus aber griff nach Schild
und Speer. Als dann gar Odysseus noch die Kriegstrom-
pete blasen ließ, als ob der Feind heranrücke, da flohen
die Mädchen erschreckt davon, Achilleus aber packte
Schild und Speer fester und seine Augen leuchteten vor 10
Kampfbegier. So ward er erkannt und ging nun ebenfalls mit seinem Freunde Patroklus und seinen thessalischen Kriegern zum Heer.

Wie Iphigenie geopfert werden sollte

Die Fürsten Griechenlands versammelten ihre Kriegsscharen und ihre Schiffe in der Hafenstadt Aulis. Zum 15
obersten Befehlshaber erwählten sie Agamemnon. Als
aber die Schiffe abfahren wollten, da trat eine große
Windstille ein. Es rührte sich kein Lüftchen, unbeweg-
lich lag das Meer, schlaff hingen die Segel an den Mas-
ten. „Was ist das, weshalb schicken uns die Götter keine 20
Winde?", fragten die Griechen erschreckt. „Ich will es
euch sagen", sprach Kalchas, der Seher, „König
Agamemnon hat die Göttin Artemis erzürnt, weil er auf
der Jagd eine weiße Hirschkuh, die der Göttin geweiht
war, tötete. Nun hat Artemis den Winden verboten zu 25
wehen." „Was soll ich tun, um die Göttin zu versöhnen?", fragte Agamemnon. „Sie verlangt ein schweres
Sühneopfer", erwiderte Kalchas, „nicht eher wird sie
den Griechen günstige Winde zur Fahrt senden, als bis
du ihr Iphigenie, deine Tochter, zum Opfer gebracht 30
hast." „Mein eigenes Kind kann ich nicht schlachten",
antwortete Agamemnon, „das ist zu viel verlangt, eher
lege ich den Oberbefehl über das Heer nieder." „Wie?
Du willst uns im Stich lassen?", fragte Menelaos. „Die
Schande, die mir geschah, ist ganz Griechenland ange- 35
tan worden. Du willst sie ungerächt auf den Griechen
sitzenlassen?" „Menelaos hat Recht", riefen die andern,

„wir haben Troja den Krieg erklärt, wir sind gerüstet und wir müssen fahren, wenn wir nicht zum Gespött der ganzen Welt werden wollen."

Da sandte Agamemnon schweren Herzens Boten nach
5 Mykene, die sollten Iphigenie unter dem Vorwand, Agamemnon wolle sie noch vor seiner Abfahrt vermählen, nach Aulis bringen. Klytaimnestra, Agamemnons Gemahlin, brachte ihre Tochter selbst zu dem vermeintlichen[1] Hochzeitsfest. Aber wie groß war das Entsetzen
10 der Frauen, als sie erfuhren, zu welch grässlichem Geschick Iphigenie nach Aulis geholt worden sei. Wehklagend warfen sie sich dem König zu Füßen. „Das ist doch reiner Wahnsinn, unser Kind dafür sterben zu lassen, dass Helena deinem Bruder die Treue gebrochen hat",
15 rief Klytaimnestra, „ich habe Iphigenie mit Schmerzen geboren und du hast sie mit Freuden auf deinen Knien gewiegt und geliebkost, hast du denn das alles vergessen? So grausam kann kein Vater sein, dass er sein leibliches Kind schlachten lässt." Iphigenie umfasste die Knie
20 des Vaters und benetzte seine Füße mit Tränen. „O, Vater, hast du mich denn gar nicht mehr lieb?", schluchzte sie, „o, denk doch daran, wie jung ich noch bin. Ich lebe so gerne im Licht, stoß mich nicht hinunter in den dunklen Hades[2]; denn da unten ist's fürchterlich. O, elend
25 leben ist besser als der allerschönste Tod. Lass mich leben, Vater, lass mich leben!" Ehe noch der Vater antworten konnte, wurden die Vorhänge des Zeltes aufgerissen, Bewaffnete drängten herein und forderten drohend den Tod Iphigeniens. Das ganze griechische Heer hatte
30 sich in Empörung und Aufruhr vor dem königlichen Zelt versammelt. Da erkannte Iphigenie, dass ihr Vater den zornigen Forderungen der wild erregten Kriegshaufen gegenüber machtlos war und beugte sich tapfer der Notwendigkeit. Sie richtete sich hoch auf, dass die wilden
35 Krieger betroffen zurückwichen, und sprach mit lauter, fester Stimme: „Wenn denn von mir die Fahrt der Flotte und der Ausgang des Krieges abhängen, so nehmt mein

---

[1] vermeinen: irrtümlich annehmen
[2] Unterwelt

Leben hin. Ich bin bereit, mich zu opfern, wenn ich dadurch Griechenland erretten kann." Als Klytaimnestra diese Worte hörte, warf sie sich fassungslos auf ihr Angesicht. Doch Iphigenie verbot ihr das Klagen, aufrecht und stark schritt sie aus dem Zelt hinaus, mitten durch die Scharen der Krieger, die vor der Hoheit der Jungfrau das Knie beugten; jetzt stieg sie die Stufen zum Altar der Göttin Artemis hinauf; droben wartete Kalchas, der Seher; in seinen Händen blitzte der blanke scharfe Stahl. Lautlose Stille herrschte, als die Jungfrau im Angesicht der ganzen griechischen Heeresmacht niederkniete und willig den schönen weißen Nacken beugte, um den Todesstoß zu empfangen. „O hohe Göttin Artemis", betete Kalchas, „nimm dieses heilige, freiwillige Opfer, das unschuldige Blut der reinen Jungfrau, das Agamemnon und Griechenlands Heer dir jetzt weihen, gnädig an. Gib unseren Schiffen gute Fahrt, unseren Speeren den Sieg und schenk uns eine glückliche Heimkehr." Nachdem er geendet, zückte er den Stahl auf den Nacken der Jungfrau, aber o Wunder – sie war verschwunden. An ihrer Stelle lag eine Hirschkuh am Boden, die von Kalchas geopfert wurde. Über dem Altar aber schwebte eine weiße Wolke, die immer höher und höher stieg und schließlich in nördlicher Richtung vor den Augen der staunenden Griechen entschwand. Die Wolke aber, das waren die Schleier der Göttin Artemis, die in demselben Augenblick, in dem Kalchas mit dem Messer zugestoßen hatte, Iphigenie in ihre Arme genommen und gerettet hatte. Sie trug die Königstochter in ihr Heiligtum auf der Halbinsel Krim[1] und setzte sie dort als Priesterin ein. Nachdem Kalchas das Opfer dargebracht hatte, erhoben sich frische Winde und die Griechen stachen in See.

Die Griechen vor Troja

Inzwischen war Paris mit Helena, den geraubten Schätzen und der Flotte wieder nach Troja zurückgekommen. Aber

---

[1] Halbinsel am Schwarzen Meer

es waren auch Abgesandte des Königs Agamemnon ein-
getroffen, die die Herausgabe der Königin von Sparta forderten. Da versammelte Priamos, der die unerbetene
Schwiegertochter nicht mit Freuden in seinen Palast hatte
5 eintreten sehen, seine zahlreichen Söhne, um mit ihnen zu
beraten, ob sie Helena in den Schutz des königlichen Hauses aufnehmen oder den Griechen ausliefern sollten. Ehe
die Brüder zur Versammlung gingen, verteilte Paris die
kostbarsten Waffen und Schmuckstücke aus dem Schatz
10 des Menelaos unter sie und versprach ihnen die schönsten
und edelsten Frauen aus dem Gefolge der Helena zur
Ehe. Die Brüder ließen sich von Goldesglanz, Frau-
enschönheit und ihrer eigenen Kampfeslust hinreißen und
beschlossen, Helena bei sich zu behalten und es auf einen
15 Krieg mit den Griechen ankommen zu lassen. Dem Volke
der Stadt aber war vor dem Kriege bange. Die Königssöhne jedoch musterten ihre Streitkräfte. Hektor und Äneas,
sein Schwager, der ein Sohn der Göttin Aphrodite und des
Helden Anchises war, führten den Oberbefehl über das
20 trojanische Heer. Alle benachbarten Völker sagten den
Trojanern ihre Hilfe gegen die Griechen zu.
Alsbald landeten die Griechen an der trojanischen Küste. Sie zogen ihre Schiffe ans Land und stellten sie in
mehreren Reihen hintereinander auf. Landeinwärts er-
25 richteten sie vor den Fahrzeugen ihre Zelte, die sie
wohnlich ausstatteten. Auch bauten sie Scheunen und
Ställe. Das Schiffslager glich einer riesigen Stadt mit
Straßen und Gassen und einem großen freien Platz in
der Mitte, der, mit Altären geschmückt, für Gottesdiens-
30 te und Heeresversammlungen bestimmt war.
Zwischen dem Schifflager der Griechen und der Stadt
Troja breitete sich eine große grüne, vom Skamander
durchflossene Ebene aus. Vier Stunden musste man
marschieren, um die Ebene zu durchmessen und vom
35 Gestade des Meeres bis vor die Stadt, die scheinbar un-
einnehmbar mit ihren Häusern, Tempeln und Königspa-
lästen, umschlossen von der mächtigen, turmbewehrten
Mauer, auf dem Hügel thronte, zu gelangen.
Noch war der Bau des Lagers nicht vollendet, da taten
40 die Tore Trojas sich auf und die trojanische Heeresmacht

ergoss sich wie ein gewaltiger Strom über die skaman-
drische Ebene.[1] Die wachsamen Griechen hatten den
Ausfall des Feindes sogleich bemerkt und ihre Heerhau-
fen aufgestellt, die nun dem Anprall der Feinde tapfer
standhielten. Nur wo Hektor erschien, da mussten die
Griechen weichen. Er raste wie ein Löwe und richtete
schreckliche Vernichtung unter den Griechen an. Als das
Patroklus sah, lief er schnell zu Achilleus, der es bis jetzt
noch nicht für nötig gehalten hatte, am Kampfe teilzunehmen, und sprach: „Eile, die Griechen bedürfen deiner, sie sinken unter Hektors Streichen wie die Halme
unter der Sichel." Da wappnete sich Achilleus und fuhr
an der Spitze seiner Krieger wie ein Blitz in die Reihen
der Troer. Neben ihm stritt der gewaltige Aias. Den wütenden Schwertschlägen dieser beiden vermochte keiner
im trojanischen Heer standzuhalten – auch Hektor nicht.
Er konnte es nicht hindern, dass seine Truppen in wilder
Flucht zur Stadt zurückfluteten. Hinter sich schlossen sie
die Tore. Angst und Schrecken verbreiteten sich in der
Stadt. Die Trojaner wagten hinfort keinen Ausfall mehr;
aber die Griechen getrauten sich auch nicht, den Sturm
auf die Mauern Trojas zu unternehmen. So lagen sich
Griechen und Trojaner neun Jahre lang gegenüber, ohne
dass es zur Entscheidung gekommen wäre. Die Griechen waren jedoch keineswegs untätig. Sie unternahmen
zu Wasser und zu Lande Feldzüge gegen die Verbünde-
ten der Trojaner. Dabei tat sich Achilleus wieder besonders hervor. Er zerstörte mit seinen Kriegsscharen zwölf
Städte an der Küste und elf im Innern des Landes und
machte reiche Beute, die er nach seiner Rückkehr ins
Schiffslager, dem Brauche gemäß, der Gemeinschaft aller Krieger übergab; denn Beute wurde von den Griechen nie als persönliches Eigentum, sondern immer nur
als Gemeingut betrachtet. Gold und Silber, Vieh und Ge-
treide und die Gefangenen wurden unter die Griechen
verteilt. Nun waren aber unter den Gefangenen, die
Achilleus gemacht hatte, auch zwei Mädchen: die Pries-

---

[1] Flussebene des Skamander unterhalb Trojas

tertochter Chrysëis und die Königstochter Brisëis. Chrysëis wurde als Ehrengeschenk dem Oberbefehlshaber
Agamemnon übergeben. Die Brisëis aber durfte Achilleus selbst behalten und sie ward ihm lieb.

Wie Agamemnon und Achilleus sich entzweiten

5 Eines Tages erschien der Vater der Chrysëis, ein Priester
des Gottes Apollon aus Mysien, und bat den Griechen
reiches Lösegeld, wenn sie ihm seine Tochter heraus-
gäben. Die Griechen waren bereit, auf das Angebot ein-
zugehen; Agamemnon aber wollte nichts davon wissen
10 und wies den Priester mit zornigen Worten aus dem Lager. Der Priester eilte mit kummervollem Herzen an den
Meeresstrand und betete zu Apollon: „Wenn ich je deinen Tempel dir zum Wohlgefallen geschmückt und dir
auserlesene Opfer dargebracht habe, so bestrafe jetzt die
15 Griechen mit deinen Geschossen." Da verließ Apollon
mit Bogen und Köcher den Olymp, setzte sich in einiger
Entfernung von den griechischen Schiffen nieder und
schnellte Pfeil um Pfeil auf die Griechen ab. Wen sein
Geschoss traf, der wurde von der Pest befallen und starb
20 unter Qualen. Nachdem die Pest zehn Tage lang gewü-
tet und viele Opfer gefordert hatte, befragte der Seher
Kalchas auf die Bitte der Volksversammlung hin die
Götter, warum sie eine so furchtbare Plage über die
Griechen verhängt hätten. Ihm wurde der Bescheid,
25 Apollon sei der Urheber des Unheils. Er sei ergrimmt
über die Beleidigung seines Priesters durch Agamemnon und nicht eher werde er dem Verderben Einhalt ge-
bieten, als bis Chrysëis ihrem Vater zurückgegeben sei.
Da musste sich Agamemnon dem Spruche des Sehers
30 beugen. Er sprach jedoch: „Wenn ich Chrysëis abgebe,
so verlange ich dafür Brisëis." Da antwortete ihm zornig
Achilleus: „Ist das der Dank dafür, dass ich dir gefolgt
bin, um deinen Bruder Menelaos rächen zu helfen? Immer habe ich die schwerste Last des Kampfes getragen
35 und nun willst du mir mein Ehrengeschenk abnehmen.
Das ist schamlos und selbstsüchtig von dir!" „Du ver-

Kopf des Apoll. Olympia-Museum, Griechenland

gisst, dass du mit deinem Oberbefehlshaber sprichst",
erwiderte Agamemnon, „weil du dich meinem Verlangen widersetzt, werde ich mir die Brisëis jetzt gerade
aus deinem Zelte holen lassen, damit du lernst, deinen
trotzigen Nacken zu beugen. Denn ich bin es, der hier s
befiehlt." Schäumend vor Wut riss Achilleus sein
Schwert aus der Scheide und wollte sich damit auf den
König stürzen, doch die Göttin Athene hielt ihn mit un-
sichtbarer Hand zurück und befahl ihm, sich zu beherr-

schen. Grollend zog sich Achilleus in sein Zelt zurück.
Alsbald kamen zwei Boten von Agamemnon, um Brisëis
abzuholen. Achilleus ließ ihnen durch seinen Freund Patroklos das Mädchen ausliefern mit den Worten: „Hinfort werdet ihr den Sohn des Peleus nicht mehr in der
Schlacht sehen. Umsonst werdet ihr seine Hilfe anfle-
hen, wenn Hektor die Griechen scharenweise nieder-
macht. Dann möge Agamemnon bereuen, dass er den
edelsten der Griechen keiner Ehre wert erachtet hat."
Als die Boten das Mädchen hinweggeführt hatten, das
ihnen mit großem Widerstreben folgte, weil es seinen
guten Herrn liebgewonnen hatte, ging Achilleus hinunter an den Meeresstrand, setzte sich nieder und klagte
seiner Mutter Thetis, wie Agamemnon ihn beleidigt hätte. Aus dunkler Meeresflut gab ihm die Stimme der
Mutter Antwort: „Ich werde zum Olymp hinaufeilen,
mein lieber Sohn, und Zeus, den Herrn des Himmels,
um Sühne für die Kränkung, die dir widerfahren ist, an-
flehen." Sie stieg sogleich zum Göttersitz empor, um-
schlang die Knie des Göttervaters und flehte: „Gib den
Troern so lange Sieg, bis die Griechen Achilleus die
schuldige Ehre erweisen." Vater Zeus sprach: „Thetis,
du weißt, dass Hera, meine Gemahlin, den Troern feindlich gesinnt ist! Sie wird es nicht gerne sehen, dass ich
ihnen Siege gewähre. Dennoch will ich dir deinen
Wunsch erfüllen." Thetis dankte und fuhr zufrieden hinab zum Meeresgrunde. Nun aber kam Hera zu Zeus
und wollte wissen, worüber er mit Thetis beraten hätte.
Doch Zeus verwies ihr die Einmischung in seine Be-
schlüsse mit strengen Worten und ging an die Ausführung seines Versprechens. Er ließ Agamemnon, der in
seinem Zelte schlummerte, durch den Traumgott sagen:
„Stehe auf und rüste die Griechen zur Schlacht." Agamemnon erwachte und berief die Fürsten zum Rat. „Es
wird schwer sein, die Männer zum Kampfe zu begei-
stern", sagten die Fürsten, „sie sind von vornherein dadurch, dass Achilleus nicht mitkämpft, entmutigt." „Ich
will den Sinn der Griechen auf die Probe stellen", erwiderte Agamemnon, „ich selbst werde ihnen den Rat er-
teilen, die Belagerung Trojas aufzugeben und in die

Heimat zurückzufahren. Da werde ich ja sehen, ob sie entmutigt sind oder nicht." Die Fürsten billigten Agamemnons Entschluss; die Volksversammlung wurde einberufen und Agamemnon richtete folgende Worte an das Heer: „Neun Jahre lang liegen wir nun hier, ohne der Stadt Herr zu werden. Das Holz an unseren Schiffen wird brüchig, die Seile vermodern, wir alle sind des langen Krieges müde. Unsere Weiber und Kinder sitzen zu Hause und schmachten nach uns. Auf! Lasst uns zu Schiffe gehen und ins Land der Väter zurückkehren!" Kaum hatte Agamemnon ausgesprochen, da liefen die Griechen unter lautem Jubel den Schiffen zu, um sie ans Meer zu ziehen. Die Götter hatten, neugierig, was das wohl werden würde, alles mit angesehen. Diejenigen unter ihnen, die Troja vernichten und den Griechen den Sieg geben wollten, waren mit dem Treiben der Griechen nicht einverstanden. Athene eilte selbst ins Schifflager, um die Flucht der Griechen zu verhindern. Sie sprach zu Odysseus: „Wollt ihr wirklich auf so ruhmlose Weise euren Feldzug beenden? Sind die vielen tapferen Griechen dafür gefallen, dass ihr kampflos das Feld räumt und dem Priamos den Triumph des Sieges lasst? Geh, edler kluger Odysseus, wirf dich den Fliehenden entgegen. Ich will, dass sie bleiben und dass der Kampf gegen Troja weitergeht." Odysseus leistete dem Befehl der Göttin Folge. Er ermahnte die Griechen mit beredter Zunge, bei ihrer Ehre nicht die Schmach[1] einer feigen Flucht aus Heimweh auf das griechische Heer zu laden. „Ewig wären unsere Namen mit Schande bedeckt, wenn wir leer heimkehrten, nachdem wir so lange hier verweilt haben", sagte er. Die Männer schenkten seinen Worten Gehör, besannen sich und versammelten sich wieder auf dem Marktplatz. „Ihr Freunde", redete Odysseus die Heeresversammlung an, ich möchte euch heute erinnern an das Zeichen, das uns vor unserer Abfahrt von Aulis zuteil ward. Wir hatten auf geweihtem Altar den Göttern geopfert, ihr alle wisst es noch, da schlüpfte ein grässlicher Drache unter dem Altar hervor und fuhr

---

[1] Schande, Demütigung

schlängelnd an einem Ahornbaum hinauf, der neben
dem Altar stand. In der Krone des Baumes war ein Sper-
lingsnest mit acht nackten Jungen. Die Mutter der Vögel
als neunte umflog mit angstvollem Zwitschern die Klei-
5 nen. Der Drache aber packte sie am Flügel und fraß sie
auf. Danach verzehrte er die Jungen. Alsdann sahen wir
mit staunendem Grauen, wie der Drache zu Stein er-
starrte. Kalchas aber deutete das, was vor unseren Augen geschehen, also: die neun Sperlinge sind neun Jahre,
10 die ihr um Troja streiten werdet. Im zehnten aber sollt ihr
die Stadt erobern. Griechen: Die neun Jahre des Kampfes
sind vorüber, das zehnte Jahr ist erschienen und mit ihm
kommt der Sieg." Die versammelten Griechen beantwor-
teten seine Rede mit lautem Beifall. „Wir bleiben!", riefen
15 sie. „Wir halten aus! Wir erkämpfen den Sieg!"
Nur Thersites, der hässlichste unter all den Männern,
die aus Griechenland gegen Troja gezogen waren – er
schielte, trug einen Höcker und war lahm an einem Fuß
– schalt laut über die Fürsten, die das Volk, das des Krie-
20 ges müde sei, in immer neuen Jammer hineinführten.
Aber Odysseus zerbleute ihm den Rücken mit seinem
Zepter[1]. Heulend und schimpfend humpelte Thersites
davon. Die andern Männer aber gingen in ihre Zelte, um
sich zu stärken und sich zu rüsten für den Kampf. Aga-
25 memnon schlachtete dem Zeus einen Stier und lud die
Fürsten zum Mahle ein.

Der Zweikampf zwischen Menelaos und Paris

Als der Morgen tagte, führte Agamemnon, herrlich gerüstet, die Griechen gen Troja. Sein Harnisch[2], an dem
immer bläuliche Reifen aus Stahl mit roten aus Gold
30 und weißen aus Zinn wechselten, funkelte in der Sonne,
an seiner Seite glänzte an goldenem Gehäng in silberner
Scheide das Schwert; in der einen Hand hielt er den
kunstreich gewölbten Schild, auf dem zinnerne Buckel

---

[1]   Herrscherstab
[2]   Brustpanzer

blinkten, in der anderen die mächtige Lanze mit strahlender Erzspitze. Auf dem Haupte nickte fürchterlich der Helmbusch aus Rosshaaren. Hera und Athene schauten ihm voller Freude und Stolz zu, wie er, gefolgt von den Fußsoldaten und den Streitwagen, in die 5 Schlacht schritt. Zur Begrüßung des griechischen Heeres ließen die Göttinnen einen mächtigen Donner rollen.

Schon kündigte eine riesige Staubwolke am anderen Ende der skamandrischen Ebene das Herannahen des trojanischen Heeres. Diesmal schritt Paris an der Spitze. 10 Durch einen Herold ließ er den Griechen sagen, er fordere Menelaos zum Zweikampf um Helena heraus. Wer von beiden siegen würde, der sollte die schöne Frau heimführen. Danach aber sollten die Völker Frieden schließen. (Doch es muss leider gesagt werden, dass Pa- 15 ris nicht von sich aus diesen Entschluss gefasst hatte, denn ihm graute vor dem starken Gegner. Hektor hatte ihn dazu veranlasst.)

Beide Heere freuten sich, als sie das hörten, denn sie waren des Mordens müde. Nun steckten Hektor und Odys- 20 seus den Kampfplatz ab. Währenddessen schaute Menelaos mit funkelnden Augen nach Paris, dem frevelhaften Beleidiger seines Hauses hinüber. Ihm war wie einem hungrigen Löwen, dem eine ansehnliche Beute in den Weg kommt, zumute. Dann begann der Kampf. Paris 25 hielt sich wacker, aber Menelaos war stärker. Nachdem beide ihre Lanzen verschleudert hatten und ihre Schwerter zersprungen waren, ergriff Menelaos den Paris am Helm, um ihn ins griechische Lager zu schleifen. Aphrodite aber, die aufgeregt dem Kampf zugesehen hatte, 30 sprengte die Riemen, hüllte ihren Schützling in Nebel und trug ihn nach Hause. Da stand Menelaos verdutzt, den leeren Helm in der Hand, auf dem Kampfplatz mitten zwischen den feindlichen Heeren, und Griechen und Troer wussten nicht, wo Paris geblieben war. Da trat 35 Agamemnon vor und sprach: „Offenbar ist Menelaos der Sieger. So gebt denn, ihr Troer, euern Raub heraus."

Statt einer Antwort aber schoss ein Troer, von Athene verleitet, einen Pfeil auf Menelaos ab. Da ergrimmten die Griechen und stürzten wutentbrannt auf die Troer. 40

Ein entsetzliches tagelanges Morden, an dem nun auch die Götter tätigen Anteil nahmen, begann. Auf griechischer Seite tat sich Diomedes besonders hervor. Athene stiftete ihn dazu an, in frecher Vermessenheit die Lanze
5 nach Aphrodite zu werfen, die soeben auch ihren Sohn Äneas vor den Griechen bergen wollte. Der Speer ritzte die Haut der Göttin; ihr unsterbliches Blut begann zu rinnen und sie schrie laut vor Schmerzen. Ares, ihr Bruder, brachte die Verwundete schnell auf seinem Wagen
10 zum Olymp, und sie ging weinend und anklagend zu ihrem Vater Zeus. Der aber lächelte und sprach: „Liebes Töchterchen, warum mischst du dich auch in Dinge, von denen du nichts verstehst. Ordne du Hochzeiten und überlass dem Kriegsgott die Schlachten." Hera und
15 Athene aber konnten ihre Schadenfreude nicht unterdrücken und stichelten: „Du hast wohl das Gewand der schönen Helena gestreichelt und dich dabei an einer Spange geritzt." Ares aber sagte: „Die Vermessenheit der Griechen, die sich nicht scheuen, uns Götter anzugrei-
20 fen, geht doch zu weit!" Und er begab sich wieder auf das Kampffeld und führte selbst die Troer, die ihm unerschrocken folgten, gegen die Griechen an, die rückwärts zu ihren Schiffen weichen mussten. Als Hera und Athene das sahen, ließen sie Heras schnellfüßige Rosse vor
25 Athenes Wagen, der eherne[1], goldumfasste Räder, eine silberne Deichsel und ein goldenes Joch hatte, spannen. Athene zog des Vaters Panzer an, bedeckte das Haupt mit dem goldenen Helm und ergriff Schild und Speer. Hera nahm die Geißel und beide schwangen sich auf
30 den silbernen Sessel, der in goldenen Riemen hing; die Tore des Himmels krachten auf und unter Donnern und Blitzen senkte sich der Wagen der Göttinnen auf das Schlachtfeld. Athene ging zu Diomedes, der sich gerade seine Wunden kühlte, und forderte ihn auf, seinen Streit-
35 wagen zu besteigen und kühn an Ares' Vergeltung zu üben. Sie selbst setzte sich als Wagenlenkerin neben ihn, machte sich unsichtbar und fuhr auf Ares zu. Sie lenkte

---

[1] eiserne

die Lanze, die Ares gegen Diomedes schleuderte, ab;
dann stieß Diomedes seinen Speer dem Gott in die Weiche. Rasend vor Schmerz entwich Ares zum Olymp und
begab sich bei dem Götterarzt in Behandlung.
Inzwischen waren auch alle anderen Götter zum Olymp
zurückgekehrt. Ermattet ließen die Menschen die Waffen ruhen.

Hektors Abschied von Andromache

Hektor aber ging nach Troja hinein, um sich nach Paris
umzusehen und ihn wieder herauszuholen. Die Griechen aber schickten eine Gesandtschaft zu Achilleus, um
ihn zu bewegen, wieder am Kampfe teilzunehmen. Doch
Achilleus lehnte ab. Paris aber hatte sich ermannt und
war bereit, mit Hektor zu gehen. Während er sich rüstete, ging Hektor zu seiner Gemahlin Andromache, um
vor den schweren Kämpfen, die ihm bevorstanden, von
ihr und seinem Söhnlein Abschied zu nehmen. Andromache aber wollte ihn nicht wieder weggehen lassen.
Sie hing weinend an seinem Halse und flehte: „Bleib
hier; wenn du gehst, so werden sie dich töten, und du
wirst nimmer wiederkommen. Mach mich nicht zur Wit-
we, mach unser Kindlein nicht zur Waise!" Hektor antwortete: „Auch mir fällt es schwer, euch zu verlassen.
Aber, sag doch selbst, müsste ich mich nicht vor Trojas
Männern und Frauen schämen, wenn ich dem Kampfe
auswiche? Die Ehre gebietet mir, immer in der vorders-
ten Reihe zu streiten." Da sah Andromache, dass sie ihn
nicht zurückhalten konnte. Er streckte die Arme nach
dem Söhnlein aus. Doch der erschrak vor dem flatternden Rossschweif auf dem Helme des Vaters. Da nahm
der Vater den Helm vom Haupte, hob den Kleinen auf
seine Arme, wiegte und küsste ihn und flehte zum Himmel: „Zeus und ihr Götter, lasst mein Knäblein werden
wie mich selbst, lasst es immer den Troern voranstreben.
Und wenn es siegreich und beutebeladen heimkehrt,
lasst die Troer sagen: ‚Der ist noch weit tapferer als sein
Vater war.' Dann sollst du dich freuen, Andromache."

Mit diesen Worten legte er das Kind der Gattin in die
Arme, dann streichelte er sie und sprach: „Sei nicht
traurig. Denke daran, es kann mir nichts geschehen, als
was das Schicksal bestimmt hat. Gegen das Schicksal
5 aber darf man nicht ankämpfen, sondern man muss sich
ihm willig fügen. Jetzt geh zur Spindel und zum Webstuhl und walte des Hauses, wie es Aufgabe der Frauen
ist. Ich aber muss wieder zu den Männern hinaus und
Sorge tragen für den Schutz unserer Stadt." Er setzte
10 den Helm auf und eilte mit Paris zum Schlachtfeld. Andromache aber weinte bitterlich.

Wie Patroklos fiel

Am nächsten Tag entbrannte der Kampf von Neuem.
Zuerst gewannen die Griechen Schritt für Schritt an Boden. Agamemnon richtete in den Reihen der Feinde
15 breite Verwüstung an. Endlich aber wurde er am Arme
verwundet und musste das Schlachtfeld verlassen. Nun
ging Hektor zum Gegenangriff über, er stürzte sich wie
ein Sturmwind in die Schlacht und die Griechen wichen
zurück. Auch Diomedes und Odysseus mussten ver-
20 wundet ins Lager zurückgefahren werden. Da wandte
sich selbst der starke Aias zur Flucht nach den Schiffen.
Achilleus aber saß auf dem Hinterdeck seines Schiffes,
hielt die Knie mit den Händen umschlungen und schaute gleichmütig der Niederlage der Griechen zu. Der alte,
25 weise Nestor aber sprach zu Patroklos: „Achilleus sollte
sich schämen, dass er über dieser Not der Griechen seine persönliche Kränkung nicht zu vergessen vermag. Ich
begreife nicht, wie er als Grieche ruhig zuschauen kann,
wie alle Griechen der Reihe nach hinbluten. Wenn es um
30 Sein oder Nichtsein seines Volkes geht, dann darf man
persönlicher Dinge nicht mehr gedenken." Diese Worte
trafen den Patroklos schwer. Ehe er jedoch Zeit hatte,
darüber nachzudenken, sah er, wie Hektor, nachdem er
mit einem riesigen Feldstein das Tor zerschmettert hatte,
35 im schrecklichen Glanze seiner Erzrüstung, mit funkelnden Augen und blinkender Lanze in das Griechenlager

stürmte. Ihm nach strömten die Troer zu Hunderten durch die aufgerissene Pforte, andere überkletterten die Mauer, Zinnen und Türme brachen unter dem Ansturm der Feinde zusammen, in wilder Flucht stürzten die Griechen zu den Schiffen und schon schleuderte Hektor 5 den Feuerbrand in das erste Schiff. Da raste Patroklos zu Achilleus und rief: „Wenn wir jetzt nicht helfen, ist alles verloren. Ich kann nicht länger tatenlos der Vernichtung der Griechen zusehen. Wenn du aber immer noch unerbittlich bleibst, so lass wenigstens mich und deine Krie- 10 ger in den Kampf ziehen. Ich bitte dich, gib mir deine Rüstung. Wenn die Troer sie sehen, werden sie glauben, du seiest es selbst, der sie trüge, und sich fürchten." Diesem Verlangen gab Achilleus nach. Angetan mit der Rüstung des Freundes, bestieg Patroklos den Streitwa- 15 gen des Achill, der von feurigen Rossen gezogen wurde. Achilleus stellte je fünfzig Krieger von jedem seiner fünfzig Schiffe zum Kampfe auf und schickte sie in die Schlacht. Dann ging er gelassen in sein Zelt zurück. Patroklos stürzte sich mit den 2500 thessalischen Kriegern 20 in das Kampfgetümmel bei den brennenden Schiffen. Die Troer dachten wirklich, er wäre Achilleus. Furcht und Schrecken ergriff sie und sie wichen zurück über Wall und Graben und wandten sich fliehend ihrer Stadt zu. Die Griechen setzten ihnen mit lautem Schlachtge- 25 schrei nach und haufenweise brachen die Fliehenden unter den prasselnden Speeren und Steinen der Griechen zusammen. Als aber Patroklos die Tore der Stadt erreichte, da erblickte er auf dem Turme den Gott Apollon, der hielt ihm den leuchtenden Götterschild entge- 30 gen und gebot ihm zu weichen. Zu Hektor aber sprach Apollon: „Kehre zurück in den Kampf. Lenke deine Rosse gegen Patroklos und ich werde dir den Sieg verleihen." Da jagte Hektor ganz allein geraden Laufes auf Patroklos zu. Der Grieche sprang aus dem Wagen, hob 35 einen schweren Marmorstein vom Boden auf und traf damit Hektors Wagenlenker an die Stirn, dass er tot zu Boden stürzte. Da trat Apollon, in dichtes Nebelgewölk gehüllt, zu Patroklos und versetzte ihm mit der flachen Hand einen Schlag auf den Rücken, da wurde Patroklos 40

von einem Schwindel ergriffen und es wurde ihm schwarz vor den Augen. Dann schlug der Gott ihm den Helm vom Haupte, dass er weithin in den Sand rollte. Nun zerbrach er ihm die Lanze in der Hand, löste ihm
5 den Schildriemen von der Schulter und den Harnisch vom Leibe und betäubte ihm sein Herz, dass er, vor sich hinstarrend, wehrlos dastand. Da stieß Hektor ihm den Speer in den Leib und Patroklos sank sterbend nieder. Frohlockend rief Hektor: „Das hast du nun davon, dass
10 du unsere Stadt in Schutt und Asche legen und unsere Frauen als Mägde entführen wolltest. Nun werden dich die Geier fressen." Der Sterbende antwortete mit schwacher Stimme: „Nicht du bist es, der mich bezwungen hat, hätte nicht Apollon mich entwaffnet, nimmer hät-
15 test du mich gefällt. Aber eines sage ich dir. Nicht lange wirst du frohlocken, dein Verhängnis steht dir schon zur Seite und ich weiß, durch wen du sinkst." Als er das gesagt hatte, verließ seine Seele den Leib und entfloh zur Unterwelt. Die Troer zogen ihm die Rüstung aus und
20 Hektor legte sie sich an. Doch schon stürmten die Griechen heran, um die Leiche des Patroklos zu bergen, und während Troer und Griechen um den Toten stritten, standen die Rosse des Achilleus abseits vom Schlachtfeld und weinten um Patroklos, ganz wie Menschen es
25 tun; sie hielten die Häupter zu Boden gesenkt, und aus den Wimpern tropften ihnen heiße Tränen. Inzwischen war es Menelaos und Aias gelungen, die Leiche des Patroklos unter großer Anstrengung den Troern zu entreißen und zu den Schiffen zu tragen. Auch hatten sie ei-
30 nen Boten zu Achilleus gesandt, der ihm meldete, dass sein Freund erschlagen sei. Da wurde es Nacht vor den Augen des Achilleus, in ungeheurem Schmerz warf er sich zu Boden, riss sich das Haupthaar aus und bedeckte sein Angesicht mit Staub. Fürchterlich tönten seine
35 Klagen in die Lüfte hinauf und drangen auch bis zum Abgrund des Meeres, wo Thetis, seine Mutter, sie vernahm. Sie stieg durch die Wogen hinan zum Gestade, tauchte bei den griechischen Schiffen auf, eilte dem Sohne zu und sprach: „Was weinest du? Ist denn das, was
40 den Männern Griechenlands widerfahren ist, nicht dein

eigener Wunsch und Wille gewesen? Die Besten unter
ihnen sind gefallen oder verwundet und diejenigen, die
übrig blieben, stehen um die Schiffe zusammengedrängt
und flehen verzweifelt um deine Hilfe. So wolltest du es
doch haben als Genugtuung für die Beleidigung, die sie 5
dir antaten." Achilleus aber schrie: „Was hilft mir die
Genugtuung, da sie mich meinen besten Freund gekos-
tet hat. Verflucht sei mein Zorn, der mich so verblende-
te, dass ich meinen Freund allein in den Kampf ziehen
ließ. Ich habe ihm nicht beigestanden in der letzten Not, 10
einsam und ohne Hilfe habe ich ihn sterben lassen. Ich
allein bin schuld an seinem Tod. Aber nun hilft kein Klagen mehr. Mir bleibt nur übrig, den Freund an den Troern zu rächen. Sie sollen sein Blut nicht ungestraft vergossen haben." „Du hast Recht, aber ehe du kämpfen 15
kannst, musst du eine neue Rüstung haben. Hektor hat
die deinige dem toten Patroklos geraubt und stolziert
nun darin herum. Ich will Hephaistos bitten, dass er dir
neue Waffen schmiedet", so sprach Thetis, nahm Abschied und fuhr zum Olymp. 20

Hektors Tod

Thetis fand den hinkenden Gott der Feuerarbeit in seiner
himmlischen Werkstatt am Amboss, wie er gerade unter
dem Boden von silbernen Schemeln goldene Räder befestigte, die von selbst dahinrollen konnten, ohne von frem-
der Hand angetrieben werden zu müssen. Als er die 25
Meeresgöttin erblickte, rief er freudig bewegt: „Endlich
besuchst du mich einmal, meine Retterin, die du mich in
deinen Armen auffingest, als meine Mutter mich von ihrem Schoß ins Meer warf, weil ich lahm auf die Welt gekommen war. Ewig bin ich dir zu Dank verpflichtet. Sag, 30
kann ich etwas für dich tun? Mit aller meiner Kunst stehe
ich dir zu Diensten." Da trug Thetis ihre Bitte vor und
Hephaistos antwortete: „Ich will deinem Sohn eine Rüstung schmieden, wie sie noch kein Sterblicher getragen
hat." Er stellte mächtige Tiegel mit Eisen, Silber, Zinn 35
und Gold auf die Glut. Er setzte zwanzig Blasebälge in

Bewegung, dass sie glühenden Wind in die Öfen schickten. Dann richtete er den Amboss auf dem Bocke zurecht, griff mit der Rechten nach seinem gewaltigen Hammer und fasste mit der Linken die Zange. Und nun fing er an
5 zu schmieden: Ein strahlender Harnisch, ein schwerer prangender Helm, Beinschienen aus feinstem Zinn entstanden unter seinen geschickten Händen. Die meiste Sorgfalt aber verwendete er auf den riesigen Schild. Mitten auf der gewölbten Oberfläche schuf er in feinster
10 zierlicher Schmiedearbeit aus rotem Gold, weißem Zinn, blauem Stahl und grauem Silber Abbilder des Menschenlebens auf Erden. Zuerst arbeitete er zwei Städte heraus. An der einen stellte er dar, wie es in einer Stadt zugeht, die mit Frieden gesegnet ist. Auf dem Markt werden
15 kostbare Waren aller Art feilgeboten und gekauft. Bürger und Obrigkeit beraten gemeinsam über das Wohl der Stadt. Handwerker arbeiten fleißig in ihren Werkstätten. In den Häusern werden Hochzeiten und andere Feste gefeiert. An der anderen Stadt schilderte er, wie es einer
20 Stadt im Kriege ergeht. Sie wird von feindlichen Heeren belagert, vor allen Toren sieht man Schlachtgetümmel, elend Verwundete und Leichen, in den Mauern nichts als weinende Frauen, zitternde Greise, verängstigte Kinder. Um die Städte herum aber schmiedete Hephaistos Bilder
25 vom einfachen naturnahen Leben: ein wogendes Ährenfeld mit Schnittern, denen unter einer Eiche das Mahl bereitet ist; einen Rebengarten voll purpurner, schwellender Trauben an silbernen Pfählen; Jungfrauen und Jünglinge brechen die edlen Früchte und tragen sie in
30 Körben davon; eine Wiese, durchströmt von einem Flusse, auf der Rinderherden, Hirten und Hunde zu sehen sind. Endlich schloss Hephaistos diesen Kreis mit dem Bilde eines festlichen Reigens schöner blühender Jünglinge und anmutiger Jungfrauen. Auf dem Haupte trugen
35 sie Kränze. Über diese Bilder vom Erdenleben formte der göttliche Schmied nach dem oberen Rande des Schildes hin ein Abbild des Himmels mit Sonne, Mond und Sternen. Zuletzt schmiedete er um die Seitenränder des Schildes ein breites glänzendes Band, das sollte den Oze-
40 an darstellen, der die Erde umgibt.

Thetis war hocherfreut über die Kostbarkeit der dauer-
haft und kunstvoll geschmiedeten Waffen, und nachdem sie Hephaistos herzlich gedankt hatte, trug sie sie
zu ihrem Sohn. Sie fand ihn weinend über die Leiche
seines Freundes gestreckt. Als er jedoch die schimmern- 5
de Rüstung sah, ermannte er sich, legte ein Stück der
Waffen nach dem anderen an, sie passten ihm und
deuchten[1] ihm wie Flügel, die ihn vom Boden emporho-
ben. Da begannen seine Augen wieder zu leuchten. Als
er gewappnet war, rief er mit donnernder Stimme die 10
Griechen zusammen. Als alle versammelt waren, auch
die verwundeten Fürsten Agamemnon, Odysseus und
Diomedes, erklärte Achilleus ihnen, dass sein Zorn nun
verraucht sei und dass er als der Vorderste mit ihnen in
den bevorstehenden neuen Kampf ziehen wolle. 15
Zu derselben Zeit sammelte Hektor die Troer zu neuem
Streit und bald dröhnte der Boden vom Fußtritt der
feindlichen Heere, die einander entgegenzogen. Die Götter aber, die von Zeus die Erlaubnis bekommen hatten,
im Streit der Menschen Partei zu ergreifen, lagerten sich 20
in der Nähe des Schlachtfeldes: Hera, Athene und Poseidon stellten sich auf die Seite der Griechen; Ares, Aphrodite und Apollon traten für die Troer ein. Von der Spitze
des Olymps aus aber sah Zeus dem riesenhaften Kampfe, der nun entbrannte, zu. Götter und Menschen strit- 25
ten, bis ihnen vom Morden die Hände starr waren. Das
Wasser des Skamandros[2] ward rot vom Blute der Gefallenen. Ares und Aphrodite wurden von Athene schwer
verwundet und eilten voll Schmerz und Zorn zum
Olymp zurück. Nun hatten die Troer, die von den Grie- 30
chen immer weiter verdrängt wurden, zu ihrem Schutze
nur noch Apollon. Er half den Fliehenden, dass sie
glücklich in die Stadttore hineingelangten. Nur Hektor
blieb draußen und erwartete erzgerüstet, helmumflattert
den Ansturm des Achilleus. Als der Troer jedoch seinen 35
Todfeind in furchtbarer Herrlichkeit auf sich zukommen
sah, als sei er der Kriesgott selbst, da erbebte sein Herz,

---

[1] kamen ihm vor wie
[2] Fluss in der Ebene vor Troja

und unwillkürlich wandte sich der Starke zur Flucht.
Doch wie ein Pfeil folgte ihm der Stärkere. Und während die beiden dreimal in rasendem Lauf wie ein
Sturmwind die Mauern der Stadt umkreisten, erhob sich
5 auf dem Olymp der Göttervater Zeus, ergriff die goldene Waage und legte zwei Todeslose hinein: das eine für
Achilleus, das andere für Hektor. Hektors Waagschale
aber sank dem Hades zu. Da sahen die Himmlischen,
dass er der Unterwelt geweiht war und es trat keiner
10 mehr für ihn ein. Auch Apollon verließ ihn.
Inzwischen aber hatte Hektor Mut gefasst, sich dem
Achilleus zum Kampfe zu stellen. Wohl ahnte er, dass
sein Schicksal ihn jetzt fassen würde, aber er wollte nicht
ruhmlos untergehen. So hielt er inne im Lauf, und wie
15 ein Adler, der aus der Luft auf ein Lamm herabschießt,
stürzte Hektor mit gezücktem Schwert auf Achilleus los.
Der wartete jedoch den Streich nicht ab. Zähneknirschend, Glut in den Augen, drang er mit flatterndem
Helmbusch vor und lenkte den scharfen, gleißenden
20 Speer auf die ein wenig entblößte Kehle des Feindes.
Sein Stoß traf, und Hektor sank mit durchstochenem
Halse sterbend in den Sand. Laut frohlockte da Achilleus:
„Den Hunden und Geiern werde ich deinen Leichnam
zum Fraße geben!" Der Sterbende aber flehte mit versa-
25 gender Stimme: „Tu es nicht. Gib meine Leiche meinem
Volke zurück, dass sie sie mit Ehren verbrennen." Achilleus aber schüttelte sein fürchterliches Haupt: „Nimmermehr, du Mörder meines Freundes, und wenn Priamos
mir dich mit Gold aufwöge." „Dann werden die Götter
30 den Frevel, den du an mir begehst, rächen. Vom Geschosse Apollons getroffen, wirst du im Staube enden,
genauso wie ich jetzt." Mit dieser Weissagung starb
Hektor. Achilleus aber sagte: „Mein Los empfange ich,
wann die Götter es wollen!" Und er zog die eigene bluti-
35 ge Rüstung vom Leibe des Gemordeten. Dann band er
die Füße des Toten am Wagensitze fest, schwang sich in
den Wagen, trieb die Rosse an und ließ vor den Augen
des Königs Priamos und der Königin Hekabe, die auf
der Mauer standen, den Leichnam des Sohnes erbar-
40 mungslos durch den Sand dem griechischen Lager zu

schleifen. Dort ließ er die Leiche Hektors, mit dem Antlitz zur Erde gekehrt, zu den Füßen des toten Patroklos
im Staube niederstrecken. Am nächsten Tage hielt er seinem Freunde eine große Leichenfeier. Das ganze griechische Heer gab dem Toten in feierlichem Zuge das Geleit 5
bis zu dem mächtigen Scheiterhaufen, der aus den hoch-
stämmigsten Bäumen des Idagebirges am Meeresstrand
aufgeschichtet worden war und auf dem Patroklos dann
verbrannt wurde. Seine Asche wurde in einer goldenen
Urne in einem großen Grabhügel aus Erde beigesetzt. 10
Auf die Bestattung folgten Leichenspiele zu Ehren des
gefallenen Helden: Wagenrennen, Faust- und Ring-
kämpfe sowie Wettläufe. Achilleus verteilte wertvolle
Preise an die Sieger und alle Teilnehmer bekamen Geschenke. Zuletzt schleifte er den Leichnam Hektors, an 15
den Wagen gebunden, dreimal um das Grab des Patroklos und ließ ihn dann, mit dem Gesicht im Staub, am
Strande liegen. Darüber gerieten die Götter in Zorn und
Zeus sandte Thetis zu ihrem Sohn und ließ ihm sagen,
dass er die Leiche Hektors den Seinigen zur Bestattung 20
ausliefern sollte. Alsbald erschien der greise, vom Gram
tief gebeugte König Priamos mit großen Lösegeschen-
ken im griechischen Lager und bat den Mörder seines
Sohnes auf den Knien um die Leiche. Des göttlichen Be-
fehls eingedenk erfüllte Achilleus die Bitte. Während er 25
den König Priamos gastlich bewirtete, ließ er die Leiche
herbeiholen, waschen, salben und kleiden. Dann übergab er sie dem Vater und gewährte dem Priamos einen
Waffenstillstand, damit die Troer ihren Helden in Ruhe
bestatten könnten. 30

Der Tod des Achilleus

Nach zwölf Tagen aber ging der Kampf weiter. Den Troern war unerwartet Hilfe gekommen. Mit einer kleinen
Schar von Heldinnen kam die Amazonenkönigin[1] Pen-

---

[1] Die Amazonen waren ein kriegerisches Frauenvolk, das nur Mädchen aufzog.

Achill tötet Penthesilea. Abbildung auf einer griechischen Amphore. British Museum, London.

thesilea aus Pontus, um die bedrängte Stadt zu unterstützen. Unter ihrer Führung drangen die Troer erneut bis zu den griechischen Schiffen vor. Doch die schöne, todesmutige Frau fiel von der Hand des Achilleus.
5 Ebenso wie ihr erging es Memnon, dem König von Abessinien, der mit den Scharen seiner schwarzen Krieger den Troern Hilfe bringen wollte. Nachdem Achilleus ihn erschlagen hatte, mussten die Troer wieder einmal hinter die schützenden Mauern ihrer Stadt fliehen. Sie
10 schlossen hinter sich die Tore. Aber diesmal wollte Achilleus nicht davor stehen bleiben. Er stemmte seine Schultern mit übermächtiger Kraft gegen eines der Tore und schickte sich an, es aus den Angeln zu heben. Da fuhr Apollon zornig und wie ein Blitz vom Olymp hernieder
15 und rief mit donnernder Stimme: „Jetzt ist es genug, halt ein, Vermessener!" Achilleus erkannte die Stimme des Gottes wohl, aber trotzig rief er: „Lange genug hast

du mich gereizt, indem du die Troer, die Frevler, begünstigst. Ich fürchte mich nicht, mit Göttern zu kämpfen. Entweiche oder – mein Speer wird dich treffen." Da legte Apollon einen seiner todbringenden Pfeile auf seinen Bogen und schoss Achilleus in die verwundbare Ferse. Da sank Achilleus unter die Toten, dass die Erde erdröhnte. Die Griechen aber errichteten ihm den Grabhügel neben dem seines Freundes Patroklos.

Das hölzerne Pferd

Nach dem Tode des Achilleus unternahmen die Griechen noch verschiedene Versuche, die Mauern zu stürmen. Bei einem dieser Kämpfe fiel Paris, der unheilvolle Urheber dieses Völkerringens. Die Troer vermochten jedoch alle Angriffe abzuschlagen. Da rief eines Tages der listenreiche Odysseus die Griechen zusammen und sprach: „Uns allen dürfte wohl klar sein, dass wir auf diesem Wege Troja niemals erobern. Ich habe einen Einfall, wie wir es anders machen können. Wir zimmern ein riesengroßes Pferd aus Holz. Die Mutigsten von uns verstecken sich im hohlen Rumpf des Tieres. Die andern aber segeln mit den Schiffen hinweg und verbergen sich in den Buchten der Insel Tenedos, nachdem sie alles Zurückgelassene hier im Lager verbrannt haben. Wenn die Troer das von ihren Mauern aus sehen, werden sie sich hervorwagen. Einer von uns muss sich als Flüchtling zu ihnen begeben. Er muss ihnen vorerzählen, die Griechen hätten ihn den Göttern opfern wollen, damit sie ihnen bei ihrer Rückfahrt günstig seien. Es sei ihm jedoch gelungen, durch die Flucht dem sicheren Tode zu entrinnen. Er habe sich unter dem künstlichen Ross, welches die Griechen ihrer Göttin Athene, der stärksten Feindin der Troer, geweiht hätten, versteckt und er sei eben jetzt darunter hervorgekrochen, nachdem alle Griechen abgefahren seien. Dieses Märchen muss er den Troern so lange wiederholen, bis sie es glauben. Er muss ihr Mitleid erregen, dass sie ihn als bedauernswerten Fremdling mit in ihre Stadt nehmen. Dann muss er sie dahin bringen,

Nachbildung des hölzernen Pferdes am Eingang zu Troja.

dass sie das hölzerne Pferd in ihre Mauern ziehen. Wenn sie dann schlafen, muss er uns, die wir im Rumpf des Pferdes stecken, ein Zeichen geben, auf welches wir unseren Schlupfwinkel verlassen. Den Schiffen bei Tenedos
5 geben wir durch einen lodernden Fackelbrand ein Signal, dass sie eilends zurückkehren, und dann bemächtigen wir uns der arglosen Stadt."
Die meisten Griechen waren begeistert für den Plan des Odysseus. Nur einige wenige äußerten Bedenken dage-
10 gen und sagten: „Es ist unlauter und feige, durch Lug

und Trug einen arglosen Feind zu überwältigen. Ein Sieg, der nicht im offenen, ehrlichen Kampf durch wirkliche Überlegenheit an Mut und Kraft und Tapferkeit errungen ist, bringt uns keine Ehre." „Ihr müsst doch selbst zugeben, dass unser ganzer bisheriger Kampf, den wir – bei den Göttern – gewiss mit aller Kraft, allem Mut und aller Tapferkeit geführt haben, ohne jeden Erfolg geblieben ist. Vergeblich floss das Blut unserer Besten. Da seht ihr es ja, dass man mit Lauterkeit und Ehrlichkeit, mit Mut und Tapferkeit nicht weiterkommt. Und wenn wir endlich unser Ziel erreichen wollen, müssen wir uns anderer Mittel bedienen." Nachdem die Griechen noch eine Weile so mit Worten gestritten hatten, gaben die, die sich zuerst dem Plane widersetzt hatten, nach und man ging sogleich ans Werk. Alle Griechen halfen. Die einen fällten Bäume auf dem Idagebirge, die anderen schleppten sie zum Bauplatz, wieder andere zersägten sie. Und die Zimmerleute endlich fügten sie nach den Anweisungen des Meisters Epeius zu einem mächtigen Ross zusammen. Athene aber stand ihm unsichtbar zur Seite und leitete ihn. Am dritten Tage nach Beginn der Arbeit führte Epeius das ganze Heer vor das vollendete Werk. Da staunten die Griechen, wie naturgetreu die Gestalt des Pferdes nachgebildet war. Mächtig wölbte sich der Rücken, Mähne und Schweif flatterten im Winde, die Ohren standen gespitzt und gläserne Augen leuchteten unter der Stirne. Man hätte meinen können, das Tier lebte und bewegte sich. Epeius aber hob die Hände und betete vor allem Volke mit lauter Stimme: „Mächtige Athene, erhabene Göttin, höre mich, rette dein Pferd und rette mich selbst!" Und alle Griechen stimmten ein in das Gebet. Danach wurden unter Leitung des Odysseus alle weiteren Vorkehrungen zur Ausführung des Planes getroffen. Ein Mann namens Sinon erklärte sich bereit, die Rolle des Flüchtlings zu übernehmen. Odysseus selbst stieg mit den jüngsten und mutigsten Männern in den Bauch des Rosses. Als Letzter kletterte Epeius hinein, dann zog er die Leiter herauf, verschloss die Luke von innen und setzte sich vor den Riegel. In tiefer Finsternis saßen sie

nun da und einige meinten, es sei leichter, dem Tode in
offener Feldschlacht zu trotzen, als so wehrlos einge-
sperrt in dunkler Nacht einem ungewissen Schicksal
entgegenzuharren. Die andern Griechen aber hatten in-
5 zwischen die Zelte und alles Lagergerät in Brand gesteckt und brachen nun unter Führung von Agamemnon mit den Schiffen nach der Insel Tenedos auf.

Trojas Untergang

Die Troer hatten voll staunender Erwartung dem Auf-
bruch der Griechen von den Mauern aus zugesehen. Als
10 nun das letzte Schiff verschwunden war, strömten sie
voller Freude scharenweise dem Ufer zu.
Ganz wie Odysseus es erwartet hatte, sammelten sie
sich neugierig um das hölzerne Ross und es wurden
Stimmen laut, die riefen: „Lasst uns das Wunderding in
15 die Stadt schaffen und als Siegesdenkmal aufstellen."
Das hörten die Griechen im Bauch des Pferdes gerne
und freuten sich. Aber alsbald sträubten sich ihre Haare
vor Entsetzen. Denn: „Ins Wasser damit!" „Feuer darunter!", tönte es draußen wild durcheinander. Dann trat
20 eine Stille ein und danach hörten die Griechen folgende
Worte: „Mitbürger, trauet dem Tiere nicht. Ich bin überzeugt, dass diese Gabe, die die Griechen uns zurücklie-
ßen, irgendeinen gefährlichen Betrug verbirgt. Ihr alle
kennt Odysseus und seine Listen." Es war der Priester
25 Laokoon, der so sprach. Und nun ergriff er auch noch
eine mächtige eiserne Lanze und stieß sie in den Bauch
des Pferdes, dass es krachte, und den Griechen fuhr der
Schreck durch alle Glieder.
Inzwischen aber hatten einige neugierige Hirten den Si-
30 non unter dem Bauch des Pferdes entdeckt und hervor-
gezogen und schleppten ihn jetzt vor den König Priamos. Sinon spielte die Rolle, die Odysseus ihm
aufgetragen hatte, glänzend. Unter herzerschütterndem
Schluchzen erzählte er, dass die Griechen vor ihrer Ab-
35 fahrt aus Griechenland Iphigenie geschlachtet hätten,
und dass sie sich nun mit seinem Blut eine glückliche

Heimfahrt hätten erkaufen wollen. Ein kalter Schauder lief den Troern durch die Gebeine, als sie vernahmen, wie Sinon schon zum Opfer geschmückt zum Altar geführt worden wäre, wie schon das Messer in Kalchas Hand geblitzt hätte. Und sie atmeten erleichtert auf, als sie hörten, wie es Sinon gelungen sei, die Bande zu zerreißen, in einen nahen Sumpf zu entfliehen und sich dort bis zur Abfahrt der Griechen verborgen zu halten. „Dann kroch ich hervor und suchte ein Obdach unter dem Bauch des heiligen Rosses. O, o, o", rief er laut weinend und streckte die Hände abwechselnd zum Himmel und nach den Umstehenden aus. „Nie darf ich elender Ausgestoßener in die Heimat und zu den Meinigen zurückkehren. Und die Troer werden den Flüchtigen niedermetzeln. O wehe, wehe, wehe!" Die Troer waren tief gerührt. Priamos suchte ihn mit gütigen Worten zu beruhigen und versprach dem Heuchler großmütig, dass ihm nichts geschehen und er in Troja Zuflucht finden sollte. „Doch jetzt sage uns, was für eine Bewandtnis es mit dem hölzernen Ross hat", sagte der König. Da hob Sinon seine Hände zum Himmel und betete mit feierlicher Stimme: „Ihr Götter, seid mir Zeugen, dass die Bande, die mich bisher an mein Volk knüpften, zerrissen sind und dass ich nicht frevle, wenn ich ihre Geheimnisse freigebe: Alle Hoffnung der Griechen in diesem Kriege war auf Athene gebaut. Aber weil die Griechen bei einem früheren Feldzug das berühmte Standbild der Göttin aus dem Tempel in Troja entwendet hatten, war Athene erzürnt und das Glück verließ die Waffen der Griechen. Sie erbauten dieses Riesenpferd als Weihegeschenk, um Athene damit zu versöhnen. Sie bauten das Ross so hoch, damit es nicht durch eure Tore geht. Denn wenn es euch gelänge, das Pferd in euere Stadt zu bringen, würde euch der Schutz der Göttin zuteil werden. Wenn ihr aber das geheiligte Pferd verbrennt oder ins Meer werft, dann wäre das Verderben euerer Stadt gewiss. Das aber ist es, was die Griechen heimlich hoffen." Sinon sagte das alles so überzeugend, dass die Troer ihm Glauben schenkten. Nur der Priester Laokoon war nach wie vor von Miss-

trauen erfüllt. Die Ahnung von einem furchtbaren Verhängnis, das über seiner Stadt schwebte, verdunkelte seine Seele. Warnend erhob er seine Stimme. Er errichtete einen Altar und schlachtete den stattlichsten Stier,
5 um die Götter günstig zu stimmen. Während der feierlichen Opferhandlung rauschte es plötzlich in der Meeresflut, die vorher spiegelglatt gelegen hatte. Aller Augen wandten sich dem Wasser zu und erblickten, von Entsetzen gelähmt, zwei ungeheuere Schlangen, die ge-
10 gen die Küste schwammen. Jetzt waren sie am Lande, züngelten die furchtbaren Häupter und sahen sich mit feurigen Augen um, dann schossen sie zischend dem Altare zu. Blitzschnell, ehe noch die Troer wussten, was geschah, wanden sich die Schlangen um die beiden jun-
15 gen Söhne Laokoons, die ihrem Vater beim Opfer halfen. Mit gezücktem Schwert stürzte sich Laokoon auf die Tiere, um seine Söhne zu befreien. Doch die giftigen Bisse hatten schon ihre Wirkung getan und die Knaben waren tot. Jetzt ringelten sich die fürchterlichen Tiere
20 dem Vater um den Leib. Nach kurzem verzweifelten Kampf erlag ihnen auch der Priester. Die Schlangen aber wandten sich dem Tempel der Athene zu und verkrochen sich unter ihren Füßen.
Die Troer aber, als sie sich vom Schrecken erholt hatten,
25 riefen: „Laokoon ist von den Göttern für sein Misstrauen gestraft worden. Sein grässliches Ende ist ein Zeichen dafür, dass die Aussagen Sinons stimmen." Dann rissen sie einen Teil der Stadtmauern nieder, befestigten Räder unter den Füßen des Rosses, warfen ihm dicke Seile um
30 den Hals und zogen das unheilvolle Geschenk der Griechen mit eigenen Händen und unter lautem Jubel in die Stadt hinein.
Als sie singend und tanzend in rasender Freude mit dem hölzernen Ross vor dem Königspalast anka-
35 men, stürzte mit fiebernden Augen und flatternden Haaren Kassandra, die Königstochter, die die furchtbare Gabe, in die Zukunft zu sehen, besaß, heraus: „Haltet ein", rief sie, „ich sehe es aus dem Bauch des Rosses hervorwallen, ich schaue die Stadt mit Feuer und Blut
40 erfüllt, noch in dieser Nacht wandeln wir alle die Stra-

ßen zum Hades[1] hinunter!" Aber die Verblendeten hörten nicht auf sie, lachten sie aus und sagten: „Sie ist verrückt."

Dann schickten sie sich an, ihr Siegesfest zu feiern. Sie schmausten und tranken, sie sangen und tanzten, unaufhörlich kreisten die Becher mit goldenem Wein. Um Mitternacht lagen sie alle betrunken am Boden. Da erhob sich Sinon, schlich hinaus vor die Tore und zündete Fackeln an, zum Zeichen, dass die Griechenschiffe von der Insel Tenedos zurückkehren sollten. Dann pochte er an den Bauch des Pferdes und leise stiegen die Griechen aus. Sie zogen ihre Schwerter und schritten gleich furchtbaren Würgeengeln durch die Straßen der Stadt, metzelten die schlaftrunkenen, berauschten Troer nieder und schleuderten Feuerbrände in ihre Wohnungen. Es dauerte nicht lange, so waren auch die anderen Griechen von Tenedos her herangekommen und stürzten durch die breite Mauerlücke, durch welche tags zuvor das Ross gezogen worden war, in die Stadt.

Die Troer waren jedoch inzwischen nüchtern geworden und wehrten sich mit dem Mute der Verzweiflung. Sie waffneten sich mit allem, was ihnen unter die Hände kam: mit Bratspießen, Beilen, Kannen, Stühlen. Sie schleuderten Feuerbrände auf die eindrängenden Griechen und warfen Steine von den Dächern, sodass auch noch mancher Grieche sein Leben lassen musste.

Immer heller wurde die Nacht vom wachsenden Brand der Häuser und Paläste. Prasselnd loderten die Flammen in den nächtlichen Himmel hinauf, krachend stürzten die Trümmer zusammen und begruben unter sich Menschen und Tiere. Die Straßen füllten sich mit Verstümmelten und Toten. Das Stöhnen der Verwundeten, das Weinen der Frauen und Kinder mischte sich mit dem Winseln und Heulen der geängsteten Tiere. Durch alle Straßen raste der Mord, der Tod verschonte nicht ein einziges Haus.

---

[1] Unterwelt

So furchtbar vollzog sich der Untergang Trojas, dass selbst die Götter es nicht mehr mit ansehen konnten, sich in dunkle Wolken hüllten und den Fall der Stadt beklagten. Sogar Athene weinte, als sie sah, wie gemeine
⁵ griechische Krieger Hektors Gattin Andromache ihr Söhnlein von der Brust rissen und von der Zinne des Turmes, auf den sie sich mit ihm geflüchtet hatte, hinunterstürzten, und andere die Königstochter Kassandra, die sich in Athenes Tempel geflüchtet hatte und
¹⁰ ihr Standbild schutzflehend umarmt hielt, an den Haaren hinauszerrten und mit rohen Händen antasteten.
So schwor Athene, diese Missetaten zu rächen.
Als trübe der Morgen graute über den verkohlten, schwelenden Trümmern der Stadt, da waren fast sämt-
¹⁵ liche Männer Trojas niedergemacht. Nur Äneas, Aphrodites Sohn, war es gelungen, mit seinem Vater und seinem Sohn unter dem Schutze der göttlichen Mutter zu entkommen. Die überlebenden Frauen und Kinder aber wurden von den Griechen mitsamt einer reichen Beute
²⁰ an Gold, Silber und Edelsteinen auf die Schiffe gebracht. Den königlichen Frauen Hekabe, Andromache und Kassandra blieb das traurige Los der Gefangenschaft nicht erspart. Zwischen ihnen aber ging Helena, Schamröte brannte auf ihren Wangen, und sie hielt die
²⁵ Augen auf den Boden geheftet. Man führte sie in das Zelt ihres Gemahls. Sie warf sich ihm zu Füßen und sprach: Ich habe gefrevelt. Ich bereue, was ich getan habe. Tu nun mit mir nach deinem Willen." Menelaos sah sie lange an. Die überirdische Schönheit der Frau aber
³⁰ bezwang von Neuem sein Herz. All sein Zorn verrauchte. Er hob sie vom Boden auf. „Dein Fehltritt soll dir verziehen sein!", sagte er und schloss sie in die Arme. Da weinten beide.

Was aus den Siegern wurde

Nun machten die Griechen ihre Schiffe fertig, hoben die
³⁵ Anker und lösten die Taue. Als sie vom Lande abstießen, standen sie alle auf ihren Schiffen, gossen Trankopfer

goldenen Weines ins Meer und flehten die Götter um eine glückliche Heimkehr an.

Finster schaute Athene vom Olymp hernieder und gedachte der Grausamkeiten und Unmenschlichkeiten, die die Griechen bei der Zerstörung Trojas begangen hatten. 5
Sie begab sich zu ihrem Vater Zeus und sprach: „Hüter der Gerechtigkeit, ich erinnere dich an die Verbrechen, die die Griechen in Troja begangen haben. Willst du sie etwa ungestraft in die Heimat entkommen lassen?"
„Tochter", erwiderte Zeus, „hier hast du meinen Don- 10 nerkeil, sorge, dass die Schuld der Griechen ihre Sühne findet."
Athene ergriff den Keil und schleuderte ihn über die Erde, dass sie erbebte; sie hüllte Land und Meer in Finsternis. Sie befahl den Winden, sie sollten sich alle zu einem 15

Der Hügel Hisarlik mit den Ruinen von Troja aus der Luft.

einzigen wütenden Orkan vereinigen und auf die griechischen Schiffe werfen. Sogleich machten sich die Winde auf den Weg. Sie wälzten Berge von Wogen gegen die
Fahrzeuge heran. Wie schwere Felsen stürzten die Was-
5 ser auf die Decks, drückten die berstenden Schiffe in die
Tiefe, und die wilde Dünung brandete und schäumte
über sie hinweg. Da ertranken die Sieger. Und solches
geschah, weil sie nicht Maß zu halten gewusst im Siege
und kein Erbarmen gekannt mit den Besiegten. Nur
10 einigen wenigen gelang es, mit Mühe und erst nach langen und mannigfaltigen Drangsalen die Küsten Griechenlands zu erreichen. So kam Odysseus nach zehnjähriger Irrfahrt nach Ithaka zurück. Auch Agamemnon sah
die Heimat wieder, aber seiner harrte ein furchtbares
15 Geschick.

Das also war das Ende der ungeheuren Unternehmung:
ein Häuflein von nackten, elendigen Schiffbrüchigen an
der Stelle des großen stolzen Heeres der tapfersten Männer Griechenlands, die einst in strahlender Rüstung vol-
20 ler Hoffnung auf Sieg und Ruhm und Beute ausgezogen
waren – ein Trümmerhaufen dort, wo einst sich felsen-
gleich die Mauern und Tempel, Paläste und Häuser von
Troja in den Himmel türmten, wo auf den Straßen und
Plätzen die frohe Menge geschäftiger Menschen hin und
25 her wogte.

9. Odysseus

Die Irrfahrten des Odysseus

Das Schiff des Odysseus war heil aus dem Seesturm hervorgegangen und Odysseus richtete die Fahrt der Heimat zu. Aber gottgesandte Wechselwinde trieben das Schiff immer erneut von seinem Ziel ab, Wind und Wellen spielten ein grausames Spiel mit ihm und so wurde 5 der Held jahrelang von Küste zu Küste geworfen.
Einmal wurde er mit seinen Gefährten ins Land der Kyklopen[1] verschlagen. Sie gerieten in die Höhle des einäugigen Riesen Polyphem. Er entdeckte sie und fraß sogleich zwei von ihnen zum Abendbrot und vier andere 10 verspeiste er am nächsten Tag. Odysseus aber gab ihm von dem schweren süßen Wein zu trinken, den er mit sich führte. Da schlief der Riese ein. Odysseus nahm einen hölzernen Pfahl, machte die Spitze im Herdfeuer glühend und bohrte sie dem Riesen ins Auge. Dann entfloh er mit seinen Freunden. Polyphem aber war ein 15 Sohn des Meeresgottes Poseidon.
Kurze Zeit danach ging Odysseus vor der Insel Aia vor Anker. Er sandte die Hälfte seiner Mannschaft auf Kundschaft aus. Sie kamen in den Palast der schönen, 20 verführerischen Zauberin Kirke, die sie alle in Schweine verwandelte. Mit Odysseus, der ausgezogen war, seine Leute zu suchen, wollte sie es genauso machen; aber er war durch ein Kraut, das ihm Hermes gegeben hatte, gegen den Zauber gefeit und zwang Kirke mit dem 25 Schwert in der Hand, seinen Gefährten ihre menschliche Gestalt zurückzugeben.
Auf ihrer Weiterfahrt kamen die Griechen an der Insel der Sirenen vorbei. Die reizenden Nymphen[2] saßen am grünen Gestade[3] und sangen mit wundersüßer Stimme 30

---

[1] Kyklop oder Zyklop: einäugiger Riese
[2] Naturgottheiten
[3] Ufer

Der Gesang der Sirenen. Griechische Vase aus dem 5. Jh. v. Chr.

Zauberlieder. Odysseus aber wusste: Wer sich von ihnen
verlocken ließe, den Strand zu betreten, wäre ein Kind
des Todes. Deshalb stopfte er seinen Gefährten die Ohren mit Wachs zu. Er selber aber wollte sich den Genuss
5 der Gesänge nicht entgehen lassen. Doch ließ er sich fest
an den Mastbaum binden, damit er nicht in Versuchung
käme, das Schiff nach der Nympheninsel zu lenken.
Kaum waren die Helden an dem gefährlichen Eiland
glücklich vorüber, gerieten sie zwischen Skylla und
10 Charybdis, zwei Seeungeheuer, die mit gierigem Rachen
die Meeresflut einschlürfen und wieder ausspeien und
jedes Schiff verschlingen, das in ihren Rachen gerät. Es

gelang den Griechen, den Strudeln der Charybdis auszuweichen, jedoch sie kamen der Skylla zu nahe und die
schnappte auf einen Zug sechs der tapfersten Genossen
des Odysseus von Bord hinweg.

Die Griechen hatten ihren Schrecken noch nicht ganz
überstanden, als ein fürchterlicher Sturm einsetzte, in
dem das Schiff zerschellte. Da ertranken alle Gefährten
des Odysseus. Ihm selbst aber gelang es, den Kielbalken
des geborstenen Schiffes zu erreichen, er umklammerte
ihn und trieb so neun Tage lang, Wind und Wellen preis-
gegeben, des Untergangs jeden Augenblick gewärtig,
hilflos auf dem Meere. Am zehnten Tage warfen ihn die
Wogen an den Strand der Insel Ogygia. Dort fand ihn
die liebliche Nymphe Kalypso. Sie nahm ihn mit sich in
ihre rebenumkränzte, quellenumrauschte, inmitten im-
mergrünender Wälder und blumiger Wiesen wunder-
schön gelegene Felsengrotte. Dort schenkte sie ihm kostbare Kleider, die sie selbst mit goldener Spule gewebt
hatte, und erquickte ihn mit Speise und Trank. Sie
wünschte sehnlichst, ihn als ihren Gemahl für immer bei
sich zu behalten. Odysseus aber hielt seiner Gemahlin
Penelope die Treue. Kalypso mochte locken, soviel sie
wollte, es gelang ihr nicht, Odysseus zu verführen,
ebenso wenig wie es Kirke und den Sirenen gelungen
war. Ob auch Wind und Wellen unseren Helden hin und
her geworfen hatten, sein Herz war fest geblieben.

Seine edle Gemahlin aber war solcher Treue wert und
hielt ebenso fest an ihm wie er an ihr, obwohl auch ihr
die Treue nicht leichtgemacht wurde und ihr viele Leiden daraus erwuchsen. Denn als Odysseus nicht heimkehrte, nachdem sich die Nachricht von Trojas Fall und
der Rückkehr der überlebenden Helden verbreitet hatte,
sagten die Leute, Odysseus wäre tot, und es fanden sich
viele Freier[1] bei Penelope ein, die um die schöne Herrin
von Ithaka warben. Als Penelope jedoch in der Treue zu
Odysseus beharrte und sich weigerte, einen anderen
Mann zu nehmen, wurden die Freier zornig; sie wichen

---

[1] freien: um jemanden werben, heiraten wollen

nicht mehr aus dem Palast, sondern schlugen ihr
Stammquartier darin auf und lebten herrlich und in
Freuden von dem Gute des abwesenden Fürsten. Die
schutzlose Frau und Telemachos, ihr hilfloses Kind, wa-
5 ren machtlos gegen das schamlose und gewalttätige
Treiben der Freier.

Jedoch der Vermählung, zu der die verhassten Freier die
Königin zwingen wollten, vermochte sie sich jahrelang
durch eine klug ersonnene List zu entziehen. Sie ließ in
10 ihrem Gemach einen großen Webstuhl aufstellen und
wob nun tagaus, tagein an einem breiten und feinen
Tuch. Das sei das Leichentuch für Laertes, den alten,
ehrwürdigen Vater des Odysseus, sagte sie zu den Frei-
ern. Bevor es nicht fertig sei, dürfe sie an keine Hochzeit
15 denken, wenn sie sich nicht dem berechtigten Tadel der
Frauen von Ithaka aussetzen wolle. Die Freier beugten
sich der Entscheidung der Fürstin. Aber sie warteten
vergebens auf die Vollendung des Tuches. Denn in jeder
Nacht löste Penelope beim Scheine der Fackeln das
20 Stück, das sie am Tage gewoben hatte, wieder auf. Nach
drei Jahren jedoch verrieten ungetreue Mägde das Geheimnis. Nun erklärten die Freier drohend, dass sie sich
nicht mehr länger hinhalten lassen würden. Und Penelope wusste keinen Ausweg mehr.

25 Da beschlossen die Götter, sich des duldenden Paares
anzunehmen und Odysseus heimkehren zu lassen.
Athene, die dem Helden besonders wohlgesinnt war,
hatte diesen Beschluss bei ihrem Vater Zeus erwirkt in
einer Zeit, in der Poseidon, der Odysseus immer noch
30 zürnte, weil er seinen Sohn Polyphem geblendet hatte,
gerade abwesend war. Hermes überbrachte Kalypso den
göttlichen Befehl, dass sie Odysseus freigeben und zur
Weiterfahrt ausrüsten solle. Ungebrochenen Mutes wagte sich Odysseus auf einem selbstgebauten Floß wiede-
35 rum aufs Meer hinaus, auf die Gefahr hin, dass er von
Neuem scheitern würde. Und richtig: Am siebzehnten
Tage seiner Fahrt erblickte ihn Poseidon und er ließ das
Floß des Odysseus durch einen Sturm zertrümmern. So
war alles Planen, alles Wünschen, alles Hoffen des Helden wieder einmal zunichtegemacht. Zwei Tage und

zwei Nächte trieb Odysseus schwimmend auf den Wogen. Am Morgen des dritten Tages erreichte er das Phäakenland. Kaum fühlte er Boden unter den Füßen, sank
er ermattet von der übermäßigen Anstrengung bewusst-
los nieder. Als er erwachte, warf er sich auf die Knie und ₅
küsste die wiedergewonnene Erde. Dann bereitete er
sich unter dicht belaubten Olivenbäumen aus trockenem
Laub ein Lager, deckte sich mit Blättern zu und da
schlief er nun, in Laub gehüllt, wie ein Feuerfunke in
der Asche.   ₁₀

Odysseus und Nausikaa

Unterdessen erschien Athene, die Odysseus zur Heimkehr verhelfen wollte, der Tochter des Phäakenkönigs
Nausikaa im Traume und riet ihr, am kommenden Morgen die Wäsche des Hauses am Meeresstrande zu reini-
gen. In der damaligen Zeit griffen nämlich auch die ₁₅
fürstlichen Frauen noch selbst bei den häuslichen Ge-
schäften zu und Prinzessinnen erachteten es nicht für
unter ihrer Würde, sich die Hände bei der Hausarbeit zu
beschmutzen, sondern sie spannen und webten, sie
kochten und buken, sie putzten und wuschen, ihren ₂₀
Mägden ein tüchtiges Vorbild.
Nausikaa ließ in der Morgenfrühe die Mäntel, Kleider
und Wäsche der königlichen Familie auf einen Wagen
laden, zwei Maultiere davorspannen, dann schwang sie
sich auf den Sitz, fasste die Zügel, ergriff die Geißel und ₂₅
lenkte das Gespann dem Strande zu. Ihre Mädchen folgten dem Wagen zu Fuße nach. Am Ufer wuschen sie die
Gewänder in den großen Kübeln, die dort zu diesem
Zwecke angebracht waren. Dann breiteten sie alle
Stücke zum Trocknen auf den rein gespülten weißen Kie- ₃₀
seln aus. Als sie mit der Arbeit fertig waren, nahmen sie
selbst ein Bad in den kühlenden Wellen, rieben sich mit
duftendem Öl ein, ließen sich im grünen blumigen Wie-
sengras nieder und verzehrten das mitgebrachte Mahl.
Hell schallte ihr ausgelassenes Lachen über Wasser und ₃₅
Land. Doch nicht lange blieben sie im Grase hocken; als-

bald wiegten sich die schlanken, lieblichen Mädchenge-
stalten nach dem Takte wohlklingender Gesänge, die
frisch von den jungen Lippen strömten, im Reigen. Den
anmutigen Tänzen folgte ein Ballspiel, wie man es sich
5 hübscher nicht denken kann. Von leichten, geschickten
Händen geworfen, flogen die goldenen Kugeln hinüber
und herüber, stiegen und fielen in hohem Bogen, keine
ging fehl. Da geschah es, dass, gelenkt von Athene, ein
Ball, den die Königstochter einer Jungfrau zuwerfen
10 wollte, das Ziel verfehlte und ins Meer fiel.
Die Mädchen schrien laut auf. Davon erwachte Odysseus. Er hob das Haupt, spähte durch die Zweige und
erblickte Nausikaa, wie sie licht und schlank, von Son-
nenglanz umschimmert, mit ausgebreiteten Armen und
15 geöffneten Händen auf der blühenden Wiese stand. Er
brach einen dicht belaubten Zweig ab und, den Leib damit verhüllend, trat er aus dem Dickicht hervor. Schrei-
end stoben die Mädchen auseinander, nur Nausikaa
blieb tapfer stehen. Aus ehrerbietiger Ferne redete
20 Odysseus die Königstochter an: „Herrin, wer du auch
seiest, erbarme dich meiner. An Wuchs und Schönheit
gleichst du der Tochter des Zeus, der erhabenen Artemis. Solltest du aber zu den sterblichen Menschen gehö-
ren, so preise ich deine Eltern und Geschwister selig.
25 Wenn du zum Reigen schreitest in solchem Glanz der
Jugend, muss ihnen das Herz im Leibe erbeben vor Ent-
zücken. Dreimal selig aber der Mann, der dich als Braut
heimführt. Nie erschien meinen Augen ein sterbliches
Wesen so herrlich. Ich wage es nicht, dir die Knie zu be-
30 rühren, ich bin in großer Not. Vor zwanzig Tagen verließ
ich die Insel Ogygia. Ich wurde vom Sturm ergriffen
und als Schiffbrüchiger an diese Küste geschleudert.
Nach so viel Jammer und Elend komme ich zuerst zu
dir. Niemand kennt mich hier. Nimm dich meiner hilf-
35 reich an, gib mir ein Gewand und zeige mir die Stadt,
wo du wohnst. Mögen dir die Götter dafür schenken,
was du in deinem Herzen wünschest, einen Gatten und
ein Haus, darin Frieden und Eintracht herrschen." Nausikaa erwiderte: „Fremdling, du scheinst weder schlecht
40 noch töricht zu sein, und sollst mich nicht vergeblich

um Hilfe angefleht haben. Du bist im Lande der Phäaken und ich bin die Tochter des Königs Alkinoos." Sie
rief die zitternden Mädchen, ängstlich kamen sie herbei
und brachten Odysseus auf Nausikaas Befehl Speise
und Trank, Gewand und Mantel und duftendes Salböl. 5
Und als er gebadet, sich eingerieben und die Kleidung
angelegt hatte, staunten die Jungfrauen ob seiner herrlichen Gestalt und Nausikaa sprach zu den Mädchen:
„Einen solchen Mann möchte ich zum Gemahl haben.
Wenn es dem Fremdling doch bei uns gefiele und er für 10
immer hier bliebe!" Sie lud Odysseus ein, ihr nach der
Stadt und zum väterlichen Palast zu folgen, doch solle
er erst in einem gewissen Abstand nachkommen, damit
den Phäaken kein Anlass zu üblem Gerede gegeben
würde. So klug war Nausikaa, sie kannte ihre Leute. 15
Athene hüllte ihren Schützling in einen tiefen Nebel ein,
sodass er ungesehen durch die Stadt und in den prächti-
gen Königspalast hineinkam. Im großen Saal saßen der
König und die Königin mit den Vornehmsten des Volkes
beim Mahle. Als Odysseus vor dem Herrscherpaare an- 20
gelangt war, zerfloss der Nebel. Schutzflehend warf der
Held sich auf die Knie. Der König aber hob ihn auf,
führte ihn zum Ehrensessel an seiner Seite und versprach ihm, ein Schiff zu rüsten, das ihn sicher in die
Heimat brächte. 25
Am nächsten Morgen berief der König die Volksversammlung ein und empfahl ihr den Fremdling. Die Phäaken beschlossen, dem Odysseus ein gutes Ruderboot
mit zweiundfünfzig Jünglingen zur Verfügung zu stellen. Mittags gab Alkinoos in seinem Palast ein Festessen 30
zu Ehren des Gastes. Alle Bürger der Stadt waren dazu
eingeladen. Sie kamen und brachten reiche Geschenke
für Odysseus mit. Als das Mahl beendet war, trat ein
blinder Sänger auf, der sang von den Kämpfen um Troja, von Odysseus und dem hölzernen Pferd. Als unser 35
Held seinen eigenen Namen nennen und im Liede feiern hörte, musste er sein Haupt im Gewande verbergen,
damit man seine Tränen nicht sähe. Alkinoos aber merkte, dass Odysseus weinte, er gebot dem Sänger Schwei-
gen und fragte Odysseus nun nach seinem Namen und 40

seiner Herkunft. Da gab Odysseus sich zu erkennen und erzählte, wie es ihm seit der Abfahrt von Troja ergangen wäre. Tief ergriffen lauschten die Phäaken. Als Odysseus geendet hatte, sagte Alkinoos: „Du bist der edelste
5 Gast, den mein Königshaus je beherbergt hat. Möchten dir die Götter nun endlich die ersehnte Heimkehr gewähren."

Da erhoben sich alle Phäaken von ihren Sitzen und brachten den Göttern ein Trankopfer für ihres Gastes
10 glückliche Heimkehr dar.

Odysseus dankte den Phäaken. Zu Nausikaa sprach er: „Wenn die Götter mir die Rückkehr in die Heimat vergönnen, so werde ich deiner dort täglich voll Ehrfurcht wie einer Göttin gedenken; denn du hast mein Leben
15 gerettet."

Die Heimkehr nach Ithaka

Am anderen Tage verließ Odysseus das gastliche Land. Von kräftigen Ruderschlägen getrieben, schoss das Schiff durch die Wogen dahin, und als der Morgen des nächsten Tages graute, war Ithaka in Sicht. Odysseus
20 aber schlief. Die Phäaken gingen in einer Bucht vor Anker und trugen den Schlummernden behutsam mitsamt den reichen Geschenken, die die Phäaken ihm mitgegeben hatten, ans Land. Dann setzten sie sich wieder an die Ruder. Poseidon aber grollte ihnen, weil sie Odysse-
25 us geholfen hatten. Als das Schiff der Heimat schon ganz nahe war, ließ der zürnende Meeresgott es mit allem, was darauf war, vor den Augen der Phäaken zu Stein werden.

Odysseus erwachte unterdessen. Aber er erkannte sein
30 Vaterland nicht wieder. Athene, in Gestalt eines vornehmen Jünglings, gab sich zu erkennen und sagte ihm, dass er endlich daheim sei. Doch verschwieg sie ihm auch nicht, wie die Dinge in seinem Hause und seinem Lande ständen. Sie gab ihm die Gestalt eines Bettlers,
35 und als solcher betrat er sein eigenes Haus, aus dem er vor zwanzig Jahren ausgezogen war. Nur sein sterben-

der Hund erkannte ihn, sonst niemand. Gaben hei-
schend[1] ging er von einem der übermütigen Freier zum
anderen; sie beschimpften ihn, sie traten nach ihm, sie
warfen einen Schemel nach ihm, der Bettler Iros wollte
den neuen Eindringling nicht dulden und schlug nach 5
ihm. Da streckte Odysseus ihn mit einem Faustschlag zu
Boden. Penelope hörte auf dem Söller[2], auf den sie sich
zurückgezogen hatte, den Lärm und stieg hinunter, um
zu sehen, was er zu bedeuten habe. Sie machte den Frei-
ern Vorwürfe, dass sie den fremden Bettler so schlecht 10
behandelt hätten. Dann teilte sie ihnen mit, dass sie sich
entschlossen habe, diesem Zustand ein Ende zu machen
und dem die Hand zu reichen, der es vermöchte, mit
dem Bogen ihres Gemahls einen Pfeil durch die Öhre
von zwölf hintereinander aufgestellten Ästen zu schie- 15
ßen. Am anderen Morgen versammelten sich alle Freier
zum Wettkampf, jedoch keiner vermochte die Bedingung zu erfüllen. Da bat Odysseus um den Bogen. Die
Freier wiesen ihn zurück, jedoch Telemachos, dem
Odysseus sich bereits am Abend vorher zu erkennen ge- 20
geben hatte, befahl, der Bettler solle schießen. Odysseus
spannte den Bogen. Der Pfeil schoss durch die Äste hindurch. Die Freier standen mit weit aufgerissenen Augen.
Ehe sie sich jedoch von ihrem Erstaunen erholt hatten,
hatte Odysseus das Bettlergewand abgeworfen und 25
sprach: „Ihr Unverschämten, wie konntet ihr es wagen,
die Frau eines lebenden Mannes zu umwerben und das
Gut des Abwesenden zu verprassen? Ihr dachtet wohl,
Odysseus käme nie zurück. Aber jetzt ist er da, um eu-
rem ruchlosen Treiben ein Ende zu machen." Als die 30
Freier das hörten, erbleichten sie vor Entsetzen. Odysseus aber verschonte nicht einen. Er ruhte nicht eher, als
bis sie alle erschlagen lagen. Dann ließ er das Haus rei-
nigen.
Eine alte treue Dienerin brachte Penelope die Nachricht, 35
dass Odysseus heimgekehrt wäre und die Freier erschlagen hätte. Aber Penelope, die verlernt hatte, zu hoffen,

---

[1] um Gaben bittend
[2] offener Dachumgang, Balkon

dass doch noch einmal alles gut werden könne, konnte
die Botschaft nicht glauben. Mit bebendem Herzen stieg
sie vom Söller herunter. Die Knie zitterten ihr, als sie
den Saal betrat.

5 Schweigend setzte sie sich dem Odysseus gegenüber
und sah ihn lange an. Bald glaubte sie ihn zu erkennen,
bald schien er ihr fremd. Odysseus wartete auf ihr Wort,
Telemachos aber rief ungeduldig: „Mutter, wie kannst
du so gefühllos sein, warum reichst du ihm nicht die
10 Hände, warum küsst du ihm nicht das Haupt? Nach
zwanzig Jahren betritt er den Boden der Heimat und du
heißt ihn nicht willkommen. Ich verstehe dich nicht. Du
hast ein Herz, das härter ist als Stein!" Odysseus aber

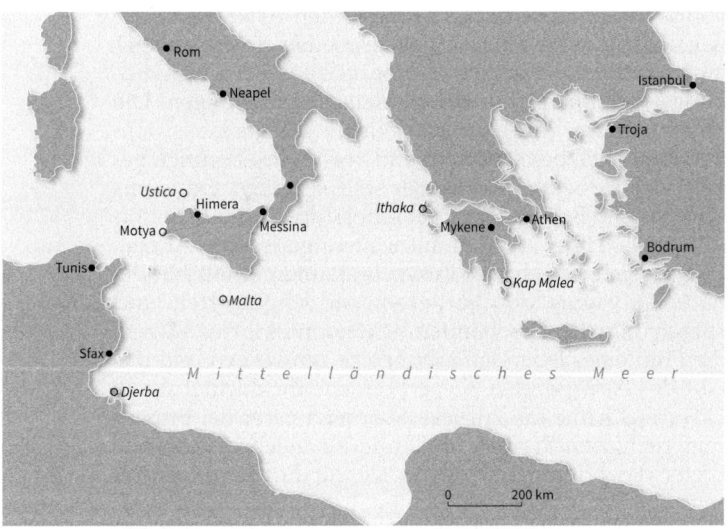

Die Karte enthält die wichtigsten Handlungsorte der Sage Homers.
Ausgangspunkt der Irrfahrt von Odysseus ist Troja, sein Ziel, das er
schließlich nach zehn Jahren erreicht, ist Ithaka. Odysseus durchfährt
zum Beispiel, als er in der Erzählung den Ungeheuern Skylla und Charybdis begegnet, die Meerenge zwischen Sizilien und dem italieni-
schen Festland (Straße von Messina). Dort ist noch heute ein auffälli-
ger Burgfelsen zu sehen. Außerdem besitzt die Meerenge besondere
Strömungsverhältnisse, die sich aus dem Gezeitenwechsel ergeben.

sprach zu seinem Sohn: „Lass ihr Zeit, sie wird mich schon noch erkennen." Er ging, nahm ein Bad, legte prächtige Gewänder an, und in alter Heldenschönheit strahlend, kehrte er zu Penelope zurück. Sie aber blieb stumm. Da sprach Odysseus traurig: „Ich will mich zur Ruhe legen." Penelope befahl den Dienerinnen, sie sollten das Bett ihres Gemahls im Saale aufstellen. Da sprach Odysseus: „Du hast doch nicht etwa den Stamm des Ölbaums, der den Eckpfosten unseres Lagers bildete, absägen lassen? Das würde mich sehr kränken! Aber dem muss wohl so sein, denn sonst könntest du nicht sagen, dass man das Bett in den Saal bringen sollte. Denn ich baute unser Schlafgemach einst über einem starken Ölbaum, der in meinem Hofe stand. Ich hieb die Krone ab und befestigte das Gestell des Bettes an seinem Stamm." Als Penelope diese Worte hörte, stand sie auf, ging weinend zu Odysseus hin, umarmte und küsste ihn und sprach: „Zürne mir nicht, dass ich dich nicht sogleich zärtlich begrüßte. Ich fürchtete immer noch, es könnte ein anderer Mann sich mir nahen und mich betrügen. Nun aber ist aller Zweifel behoben, denn das Geheimnis unseres Schlafgemaches weiß niemand als du und ich allein." Odysseus schloss seine Gemahlin, nach der er sich so lange heimgesehnt hatte, in die Arme; der Frau aber war es zumute wie einem Schiffbrüchigen, dem Poseidon das Schiff im Meere zerschellte und der, nachdem er lange in die Irre gefahren, endlich nach Hause kommt.

10. Äneas und Dido

Wie dem Äneas Italien verheißen wurde

Äneas war einer der wenigen Troer, die der Vernichtung entronnen waren. Unter dem Schutze seiner Mutter, der Göttin Aphrodite, erreichte er mit seinem Vater und seinem Sohne Askanios das Gestade des Meeres. Dort stie-
5 ßen noch andere Flüchtlinge zu ihm. Mithilfe der geretteten Habe zimmerten sie sich eine Flotte, und als der Frühling kam, sagten sie ihrer zerstörten Heimat auf ewig Lebewohl und stachen unter Weinen und Wehklagen in See, um irgendwo im Westen eine neue Heimat zu
10 suchen. An der Insel Delos legten sie an. Dort hatte einst Leto, von der eifersüchtigen Hera aus dem Himmel vertrieben, dem Zeus die Zwillingskinder Apollon und Artemis geboren. Im Tempel des Apollon warf sich Äneas auf die Knie und betete: „Großer Gott, wohin sollen wir uns
15 wenden? Gönne uns eine Stätte auf der Erde, da wir bleiben können. Hilf uns, ein neues Troja gründen." Da wurde ihm der Orakelspruch zuteil: „Italien sollt ihr aufsuchen und euren Wohnsitz nehmen in der Landschaft Latium. Dein Sohn Askanios, der in Italien Iulus heißen
20 soll, wird Alba Longa zur Hauptstadt von Latium machen und drei Jahrhunderte lang wird dein Geschlecht dort das Zepter führen. Dann wird eine Tochter aus dem Königshause dem Kriegsgott Ares, den deine Nachkommen Mars nennen werden, Zwillinge gebären. Romulus
25 und Remus werden sie heißen. Von einer Wölfin gesäugt werden sie groß und stark werden. Romulus wird seinem Vater zu Ehren eine neue Stadt erbauen. Rom wird ihr Name sein. Dieser Stadt wird Zeus, den die Römer Jupiter nennen werden, die Herrschaft über die Welt verlei-
30 hen. Rom wird die trotzigen Völker des Erdkreises bändigen, die sie in einem Reich vereinigen und ihnen Gesetz und Ordnung geben. Der größte Römer wird ein Nachkomme deines Sohnes Iulus sein und Iulius Caesar wird er heißen. Sein Ruhm wird sich zu den Sternen erheben
35 und er wird unter die Götter aufgenommen werden."

Wie die Flüchtlinge vor ihrem Ziel abgetrieben wurden

Äneas fühlte sich von diesen Worten wunderbar getröstet, streckte dankend die Hände zum Himmel empor und brachte eilends den Flüchtlingen die frohe Weisung. Bald steuerten die Schiffe wieder durch die hohe See. Als sie der Küste Italiens schon ganz nahe waren, setzte ein furchtbarer Sturm ein und verschlug die Troer an den Strand von Nordafrika. Staunend erblickten die Flüchtlinge dort die gewaltigen Mauern und die himmelansteigende Burg einer neuen Stadt. Es war die Stadt Karthago, die auch vor Kurzem erst von Flüchtlingen, die aus Phönizien gekommen waren, gegründet worden war. In Tyrus, der Hauptstadt von Phönizien, herrschte nämlich ein grausamer König mit Namen Pygmalion. Er hatte den reichen Gemahl seiner schönen und energischen Schwester Dido um des Goldes willen ermordet. Dido aber war mit vielen anderen Phöniziern, die den Tyrannen hassten, auf schnellen Schiffen entflohen. Da sie wusste, wo ihr Bruder seine Schätze verborgen hatte, hatte sie heimlich so viel davon auf die Schiffe bringen lassen, wie sie nur tragen konnten. In Afrika angekommen verlangte sie von den Eingeborenen nur so viel Land, als sie mit einer Stierhaut zu umspannen vermöchte. Diese Haut aber schnitt sie in so dünne Riemen, dass dieselbe den ganzen Raum einschloss, den später die Stadt Karthago einnahm. Von dort erwarb sie mit ihrem Golde immer größere Gebiete und begründete ein mächtiges Reich, das sie mit klugem Sinn und fester Hand regierte.

Äneas und seine Schicksalsgenossen wandten sich flehend an Dido und sprachen: „Edle Königin, wir sind arme Troer, die der Sturm an diese Küste geschleudert hat. Gestatte uns, die lecken Schiffe an Land zu ziehen und in deinen Wäldern Balken zu zimmern und Ruder zu verfertigen, damit wir unsere Schiffe wieder flottmachen und Italien, unser Ziel, erreichen." Dido erwiderte: „Die Stadt Troja, die Taten ihrer Helden und ihre fürchterliche Zerstörung kennen wir wohl. Ihr sollt uns will-

kommen sein, tretet getrost in unsere Häuser ein. Auch
wir sind Verbannte. Wir kennen die Mühsale der Flucht
und sind wohl vertraut mit dem Jammer. Und wir, die
wir eine neue Heimat und Ruhe gefunden haben, sind
5 bereit, euch unglücklichen Vertriebenen jeden Beistand
zu leisten." Sie führte die Troer unverzüglich in ihren
Palast und ließ den Flüchtlingen, die so lange gedarbt
hatten, ein köstliches Mahl bereiten.

Wie Äneas bei Dido seinen Auftrag vergaß und wieder zu ihm zurückgeführt wurde

Aphrodite aber traute den Karthagern nicht. Sie fürchte-
10 te, sie könnten ihrem Sohn Böses antun. Deshalb knüpf-
te sie Dido durch Bande der Liebe fest an Äneas, damit
er allen Schutz und alle Hilfe durch sie gewänne. Aber
auch Äneas wurde von der schönen jungen Königin ge-
fesselt. Die königliche Frau trug den Sieg über das Herz
15 des Helden davon, sodass er seinen Auftrag vergaß und
bei ihr blieb.
Da rief Zeus den Götterboten Hermes zu sich und
sprach: „Eile sofort zu Äneas und sage ihm, dass ich ihn
nicht aus den Griechenstürmen errettet habe, damit er
20 eines Weibes Sklave werde, sondern er soll mir Rom
gründen, dem ich die Herrschaft über Land und Meer
geben will."
Nachdem Äneas die göttliche Botschaft erhalten hatte,
ließ er sogleich die Flotte zur Abfahrt rüsten. Als Dido
25 seine Absicht merkte, warf sie sich ihm verzweifelt in
den Weg. Wie eine Ertrinkende klammerte sie sich an
ihn. Er aber machte sich von ihr los und bestieg, dem
Befehl der Götter getreu, das Schiff und segelte von dan-
nen. Die einst so tatkräftige Dido aber fand sich, nach-
30 dem Äneas sie verlassen hatte, im Leben nicht mehr zurecht und gab sich selbst den Tod.

Anhang

I. Das antike Griechenland

Griechenland im Altertum

Olympos

Ossa

Pelion

Epirus

Thessalien

Othrysgebirge

Leukas

Akarnanien

Ätolien

Phokis

Parnass

Lokris   Itea ● ● Delphi

Eub

Theben

Kephalon

Ionisches

Achaia

Elis

Korinth

Athen

● Olympia

Arkadien

Nauplia

Meer

Argos ●

Trozen

● Messene

Sparta

Lakonien

Mittelländi

Karthago

0 50 100 150 200 km

Waren dir vielleicht schon vor dem Lesen einige der griechischen Götter und Helden vertraut, zum Beispiel der Göttervater Zeus und seine eifersüchtige Gattin Hera, Dädalos und Ikaros und ihr Traum vom Fliegen oder der heldenhafte Herakles, der den „Saustall" des Königs Augias dadurch ausmistete, dass er das Wasser zweier Flüsse in den Stall leitete?

Auf den folgenden Seiten erhältst du noch mehr Informationen über die Griechen und ihre Götter und Helden: Im folgenden Abschnitt des Anhangs (2. Der griechische Götterhimmel) erfährst du mithilfe einer nicht ganz ernst gemeinten Geschichte, was passieren konnte, wenn die griechischen Götter auf dem Olymp unter sich waren.

Der dritte Teil des Anhangs berichtet vom berühmten Dichter Homer, der etwa 750 Jahre vor Christi Geburt die spannenden Sagen vom Kampf um Troja und der Irrfahrt des Odysseus aufschrieb (3. Der Dichter Homer und seine Helden).

Dass „etwas dran ist" an den Sagen, auch wenn sie vielleicht zum großen Teil erfunden sind, zeigt der vierte Abschnitt: Hier geht es um Heinrich Schliemann und seine Entdeckung Trojas (4. „Das trojanische Pferd" – Heinrich Schliemann und der Trojanische Krieg).

Der letzte Teil des Anhangs liefert einen abenteuerlichen Expeditionsbericht: Ein modernes Forscherteam begibt sich auf die Spuren des griechischen Helden Odysseus (5. Die Irrfahrten des Odysseus).

Übrigens: Falls du die Götter- und Heldensagen ausführlicher nachlesen willst, kannst du auf Gustav Schwabs „Sagen des klassischen Altertums" zurückgreifen. Gustav Schwab sammelte die Sagen und hat sie zwischen 1838 und 1840 in drei Bänden herausgegeben. – Eine anschauliche und sehr spannende Nacherzählung des Kampfs um Troja und der Irrfahrten des Odysseus hat Walter Jens 1958 verfasst: Walter Jens, Ilias und Odyssee.

2. Der griechische Götterhimmel

Das griechische Pantheon, das sind alle Götter eines Volkes, entwickelte sich über viele Jahrhunderte und ist etwa im 8. Jahrhundert vor Christus vollendet. Die Götter haben verschiedene Aufgabenbereiche, die viel mit den Naturerlebnissen, Wünschen und Ängsten der Griechen zu tun hatten. Ertönte zum Beispiel ein fernes Donnergrollen, dann war ein mächtiges Wesen, das im Gewitter Wasser spendet, am Werk. So hieß es nicht: „Es donnert", sondern „Zeus donnert und schleudert den Blitz." Für eine reiche Ernte betete man zur Erdmutter Demeter und plötzlicher Tod wurde durch die göttlichen Bogenschützen Apollon und Artemis verursacht.

Im Laufe der Zeit bekamen die oft harten und grausamen Götter immer mildere Züge; die Götter waren nun sozusagen unsterbliche Menschen mit sehr ungewöhnlichen Fähigkeiten – und Schwächen. Der folgende Text bringt dies auf witzige Weise zum Ausdruck und stellt dir zugleich die wichtigsten Götter des griechischen Götterhimmels vor.

Götter unter sich

Die Göttermutter war wieder einmal bei ihrem Lieblingsthema angelangt. „Niemals werde ich dir das verzeihen", sagte sie weinerlich, „niemals!"

„Aber es ist doch schon so lange her", begütigte Zeus. „Ich habe meinen Fehltritt mit Alkmene doch wahrhaftig ₅ aufrichtig bereut ..."

„Ja, indem du mir die nächsten zehn Fehltritte einfach nicht mehr gebeichtet hast!", entgegnete Hera hitzig.

„Du übertreibst wie immer, meine Liebe." Auch jetzt war die Stimme des Göttervaters noch sanft, aber ganz hinten, ₁₀ hinter den freundlichen Tönen, war fernes Donnergrollen zu ahnen. „Und was kann der arme Herakles dafür? Was hat er denn nur getan, dass du ihn mit deinem Hass verfolgst?"

„Du kannst wirklich nicht erwarten, dass ich das Ergebnis ₁₅ deines Ehebruchs auch noch liebe!", stieß Hera hervor.

„Und wenn ich dir schon nichts anhaben kann, dann soll er wenigstens leiden!"

„Das ist ja sehr anständig von dir! Eine Göttin mit echtem Gerechtigkeitssinn!" Zeus' Stimme war ein wenig lauter,
5 das Donnergrollen schon vernehmlicher geworden.

„Als ob du gerechter wärst!", höhnte Hera. „Denk nur an den armen Prometheus, den du für Jahrtausende an den Felsen hast schmieden lassen, bloß weil er ein bisschen schlauer als du gewesen ist! Oder an Amphitrion, den du
10 so hundsgemein hereingelegt hast, um ihm Alkmene auszuspannen."

Heras Stimme wurde wieder weinerlich. „Niemals werde ich dir das verzeihen!"

Aber jetzt reichte es dem Göttervater.
15 „Zum Donnerwetter!", rief er und stieß mit dem Fuß wütend auf den Wolkenboden des Göttersaals, worauf ein heftiges Gewitter über Griechenland niederging.

„Ich will nichts mehr hören von diesen alten Geschichten, verstanden?"
20 „Schrei doch nicht so!", zischte Hera. „Müssen denn die anderen unbedingt alles mithören?"

Tatsächlich schauten die Götter bereits neugierig zu ihnen herüber, besonders Hermes schien kein Wort versäumen zu wollen und hatte sich so weit vorgebeugt, dass er sei-
25 nen Becher mit Nektar umgeworfen hatte. Glücklicherweise gab es eine Ablenkung: Hephaistos hinkte in den Saal, rußverschmiert wie üblich, und fragte: „Hat jemand zufällig Aphrodite gesehen?"

Die ganze Göttergesellschaft brach in lautes Gelächter
30 aus. Der arme Kerl! Ständig lief er seiner schönen Frau hinterher; so geschickt er beim Schmieden edler Waffen und Gerätschaften war, so unbeholfen war er als Ehemann, und Aphrodite nutzte jede Gelegenheit, ihm Hörner aufzusetzen. Aber wer den Schaden hat, braucht für den
35 Spott nicht zu sorgen. Als nämlich Apollon sagte: „Nein, Aphrodite habe ich nicht gesehen" und scheinheilig hinzufügte: „Aber seltsam, Ares ist auch nicht hier", da wurde das Gelächter noch lauter. Der elegante Kriegsgott war nämlich Aphrodites bevorzugter Liebhaber. Dem wüten-
40 den Gesichtsausdruck Hephaistos' war zu entnehmen,

dass er die Anspielung wohl verstanden hatte. Grußlos schlurfte er aus dem Saal, entschlossen, nicht zu ruhen, bis er seine lebenslustige Gattin wiedergefunden hatte.

Athene, der es immer peinlich war, wenn über so heikle Themen wie eheliche Treue – oder Untreue – geredet wurde, fragte in die allgemeine Heiterkeit hinein: „Sagt mal, bei welcher von den Arbeiten, die er für Eurystheus erledigen muss, ist eigentlich Herakles gerade?"

Sofort wandten sich ihr alle Götter zu – außer Hera natürlich. Herakles – das war immer ein guter Gesprächsstoff. Denn was er so fertigbrachte, das erstaunte und beschäftigte selbst die Unsterblichen.

„Aber Athene", rief Apollon spöttisch, „dass gerade du nach ihm fragst! Hast du dich etwa in den jungen Mann verliebt?"

Athene wurde feuerrot. Unverschämter Kerl! Als ob die Göttin der Weisheit an so niedrige Dinge auch nur denken würde! Sie warf Apollon einen wütenden Blick zu und steckte der Eule, die wie gewöhnlich auf ihrer Schulter hockte, ein Stückchen Ambrosia in den Schnabel. „Durchaus nicht, Apollon. Deine schlüpfrigen Anspielungen kannst du dir schenken. Ich bin eine Bewunderin seines Mutes und sein Schicksal liegt mir am Herzen."

„Mir auch!", stieß Hera leise zwischen den Zähnen hervor; niemand hörte es.

„Also, welche Arbeit erledigt er gerade?", wiederholte Athene.

„Eine wenig angenehme", lachte Hermes, der natürlich wie immer Bescheid wusste, „Eurystheus hat ihm aufgetragen, den Stall des Augias auszumisten. Dreitausend Rinder stehen darin und seit vielen Jahren hat niemand mehr den Dreck beseitigt."

„Pfui", sagte Asklepios, der Gott der Heilkunst, der sehr auf Sauberkeit achtete und nichts so hasste wie Schmutz und Unreinlichkeit, „pfui! Die Vorstellung, dass ein solcher Mistschaufler uns dereinst im Olymp zur Seite sitzen soll, erfüllt mich mit Abscheu!"

Zeus nickte sorgenvoll. „Das ist eine besonders perfide Idee von diesem Eurystheus", meinte er. „Den Gehorsam darf ihm Herakles nicht verweigern, das habe ich ihm selbst untersagt, aber als Halbgott, dem Unsterblichkeit vorherbestimmt ist, darf er solche unwürdigen Tätigkeiten nicht verrichten. Eine schwierige Situation ..."

„Dann werde ich schleunigst dafür sorgen, dass sie noch
5 ein bisschen schwieriger wird", rief Hera. Das erste Mal lächelte sie, und ehe sie jemand aufhalten konnte, war ihr Sitz schon leer.

Weit unten auf der Erde, im Stall des Augias, aber stand plötzlich eine Kuh mehr, die einen ausgesprochen bösarti-
10 gen Ausdruck in ihren großen Augen hatte. Oben, im großen Göttersaal des Olymps, runzelte Zeus die Brauen.

„Wenn sie ihm die Lösung seiner Aufgabe unmöglich macht, werde ich sie zur Rechenschaft ziehen", grollte er.

„Ich werde ihm vorsichtshalber ein wenig helfen", erklärte
15 Hermes und sogleich war auch sein Sitz leer. In der Nähe des Stalles erschien auf einmal ein alter Hirte, der, auf einen Stab gestützt, sinnend die Mistberge betrachtete, die durch das geöffnete Tor sichtbar waren.

Einige Zeit verging; den sterblichen Menschen wäre sie
20 wie ein ganzer Tag erschienen, den unsterblichen Göttern aber dauerte sie nicht länger, als ein Lächeln braucht, um vom Herzen auf die Lippen zu gelangen.

Dann saß Hermes wieder auf seinem Stuhl. Neben ihm stand ein großes Kalb und muhte erschrocken; Hermes
25 hatte vergessen, das Seil loszulassen, an dem er es hielt, als er sich in den Olymp zurückbefohlen hatte.

„O Verzeihung", murmelte er und schickte das Tier schleunigst zurück in den Stall, aber dann fuhr er triumphierend fort:
30 „Er hat die Aufgabe glänzend gelöst. Weder konnte ihm Hera etwas anhaben, noch brauchte er meine Hilfe. Nicht ein einziges Mal hat er in den Mist gelangt, kein Fleckchen verunziert seinen Löwenfellmantel. Er hat einfach zwei Flüssen ein neues Bett gegraben, sie umgeleitet und mit
35 ihnen den Mist aus dem Stall geschwemmt. In kurzer Zeit war alles sauber, und das Einzige, was den Rindviechern geschehen ist, ist, dass sie ein wenig nass geworden sind."

Kaum hatte Hermes seinen Bericht beendet, als plötzlich auch Hera wieder auf ihrem Sessel neben dem Götterva-
40 ter saß.

Ihr Haar war triefend nass, und ein Duft ging von ihr aus, dass sich Äskulap entsetzt die Nase zuhielt.

Zeus achtete nicht auf sie. „Nicht nur gewaltige Kräfte hat er", dachte er, „sondern auch einen überragenden Verstand. Natürlich, er ist ja mein Sohn."

Zufrieden lächelte er vor sich hin. Den Blick, den Hera ihm zuwarf, als sie seinen Stolz bemerkte, sah er nicht. Und das war gut so, denn wenn er ihn gesehen hätte, dann wäre wohl selbst der Göttervater bleich geworden.

Aus: Harald Parigger: Geschichte erzählt. Von der Antike bis zum 20. Jahrhundert. Frankfurt/M.: Cornelsen Scriptor 1994, S. 40–43

Wichtige griechische Götter

Wenig göttlich konnte es zugehen, wenn die Götter unter sich waren. Hast du behalten, wer sich alles in den Streit auf dem Olymp eingemischt hat? – Trage die Götternamen neben die passenden Charakterisierungen ein.

	Oberster Gott der Griechen; Herr über die Zeit; spendet Regen und Sonnenschein, schickt Donner und Blitz, den die Kyklopen ihm geschmiedet hatten; wird deshalb häufig mit dem Blitz in der rechten Hand dargestellt.
	Schwester und Ehefrau des Zeus; Beschützerin der Ehe, der Kinder und des Hauses; Zeus warb 300 Jahre um sie, bis sie schließlich der Heirat zustimmte.
	(Vulkan); rußverschmiert und hinkend; in seiner Schmiede entstand die erste sterbliche Frau „Pandora", der die Götter das Leben einhauchten.

	(Venus); Göttin der Schönheit und Liebe; mit ih-rem Geliebten Ares hatte sie mehrere Kinder; Sperlinge und Tauben begleiteten ihren Weg, und wohin sie den Fuß setzte, wuchsen Blumen.
	Eleganter Gott des Krieges, aber auch Verursa-cher aller Nöte des Krieges; von den Griechen zwar geachtet, aber nicht verehrt.
	Göttin der Weisheit, oft mit einer Eule darge-stellt; Schutzherrin all derer, die sie im Krieg um Hilfe anflehen; Göttin der Wissenschaften und Künste.
	Geflügelter Bote der Götter, schnell und wen-dig; Beschützer der Kaufleute, Wanderer, Her-den, aber auch der Diebe.
	Gott der Heilkunst, der wohl ursprünglich in Schlangengestalt verehrt wurde; daher seine Darstellung mit Schlangenstab.

3. Der Dichter Homer und seine Helden

Homer gilt als erster Dichter, der verschiedene Sagen zu den beiden Verserzählungen „Ilias" (Kampf um Troja) und „Odyssee" (Irrfahrten des Odysseus) zusammengefasst hat. Die Dichter wurden damals auch „Sänger" genannt, da ihre Texte vorgesungen wurden, so wahrscheinlich auch die 15694 Verse der „Ilias"!

Homer-Büste. Kapitolinische Museen, Rom

Die beiden Epen (das sind in Versform aufgeschriebene Romane) „Ilias" und „Odyssee" waren von den Griechen verehrte Meisterwerke, die von der eigenen Geschichte und Götterwelt erzählten. Sie dienten den Schulkindern im alten Griechenland als „Schulbücher", mit deren Hilfe sie Lesen, Geschichte und Religion lernten und die sie in großen Abschnitten auswendig vortragen konnten.

Die beiden folgenden Texte liefern einige Informationen zu Homer und seinen beiden berühmten Epen und geben dir einen Überblick über die Taten einiger wichtiger griechischer Sagengestalten. Das abschließende Kreuzworträtsel leitet mit dem Lösungswort auf das dritte Kapitel über.

Unterwegs mit Homer

[Homer] soll aus dem ionischen Kleinasien stammen, im 8. Jahrhundert v. Chr. gelebt haben und ursprünglich Melesigenes geheißen haben – nach dem Fluss Meles bei Szmir.
War das griechische Wort „homeros", das übersetzt „Gei-
5 sel", bedeutet, vielleicht sein Pseudonym?
Homer ist zur Verkörperung epischer Dichtung geworden. Die berühmtesten Sänger späterer Zeit, die sogenannten „Homeriden" von der Insel Chios, die „Söhne Homers", nach einer antiken Nachricht vermutlich ursprünglich so-
10 gar direkte Nachkommen, sahen sich als seine geistigen Erben und sorgten für die Verbreitung seiner Werke.
Aus welchem Erbe aber schöpfte der Dichter selbst? Auf schriftliche Überlieferung konnte er sich nicht stützen. Woher hatte er sein Wissen über die zu seinen Lebzeiten
15 schon fast 500 Jahre zurückliegende Spätbronzezeit?
In dieser Epoche spielen seine beiden Epen. Die „Ilias" erzählt von einem langen Krieg zwischen Griechen und Trojanern, konzentriert sich aber eigentlich nur auf wenige Wochen des zehnten Belagerungsjahres von Troja.
20 Es ist die Geschichte eines gewaltigen Kampfes zwischen großen Helden: Paris und Hektor aufseiten der Trojaner, Patroklos, Achilles und Agamemnon auf griechischer Seite. Selbst die Götter bleiben nicht unparteiisch und unterstützen ihre jeweiligen Favoriten tatkräftig.

Ausgebrochen ist dieser Krieg laut Homer wegen einer Frau. Der trojanische Königssohn Paris entführt Helena, die Gemahlin des spartanischen Königs Menelaos, bei einem Besuch in Griechenland. Damit hat die Liebesgöttin Aphrodite ihr Versprechen eingelöst. 5

Unter drei Damen des Olymp war nämlich ein Streit ausgebrochen, angezettelt von Eris, der Göttin der Zwietracht: Wer ist die Schönste? Hera – die Gattin des Zeus – Athene – die Göttin der Weisheit oder eben Aphrodite – die Göttin der Liebe? Zum Schiedsrichter wird Paris be- 10 stellt.

Er reicht den symbolischen goldenen Apfel an Aphrodite und die hatte ihm als Belohnung jene Helena versprochen, die damals schönste und begehrteste Frau.

Im zehnten Jahr endlich wendet sich das Kriegsglück zu- 15 gunsten der Griechen. Sie erobern Troja, zerstören es und kehren danach in ihre Heimat zurück. Nur Odysseus ist weitere zehn Jahre großen Gefahren ausgesetzt, bis ihn die Götter nach Hause zurückkehren lassen. Davon erzählt die „Odyssee". Und dort erfahren wir auch, dass erst eine 20 List Troja zu Fall gebracht hat. Odysseus, der Erfinder selbst, berichtet vom hölzernen Pferd, mit dem die Griechen sich hinter die Mauern des Feindes geschmuggelt haben.

Hat Homer das alles frei erfunden? Sind kampfesmutige 25 Männer wie Achilles und Hektor historische Personen? Führte ein Agamemnon von Mykene wirklich ein Griechenheer nach Kleinasien? Gibt es gesicherte Beweise für einen solchen Krieg?

Die Erforschung der ägäischen Bronzezeit mit hochste- 30 henden Kulturen wie Kreta und Mykene füllt mittlerweile ganze Bibliotheken. Vieles spricht dafür, dass man in den Epen Homers doch mehr als nur „Abenteuerromane der Antike" sehen darf.

Aus: Helga Lippert, Arno R. Peik, Eberhard Thiem: Von Troja zur Insel des Windes. In: Hans Helmut Hillrichs (Hrsg.): Terra-X. Von den Inseln des Drachenbaums zur Festung der Sturmgötter. Rätsel alter Weltkulturen. München: C. Bertelsmann Verlag 1990, S. 149

Die griechischen Helden

Griechenlands Helden waren zwar nicht unsterblich wie die Götter; aber sie waren auch keine gewöhnlichen Sterblichen. Viele von ihnen leiteten ihre Herkunft von den Göttern ab. Aus ihren Taten, die uns durch Sagen und Kunstwerke großer Meister überliefert sind, erfahren wir viel vom Leben und von den Anschauungen der Menschen im klassischen Griechenland. Die Taten der berühmtesten Helden werden hier erzählt.

ODYSSEUS, König der Insel Ithaka und Liebling der Göttin Athene, war klug und tapfer, aber auch listig und verschlagen. Seine abenteuerliche Heimkehr von Troja erzählt Homer in der „Odyssee": Ein schweres Unwetter ver-
5 schlug Odysseus' Schiff zunächst nach Thrakien, wo die wilden Kikonen 72 seiner Gefährten töteten. In Libyen blendete Odysseus den einäugigen Riesen Polyphem, einen Sohn des Gottes Poseidon. Nach vielen weiteren gefährlichen Abenteuern kam er zur Insel Aia. Dort lebte er

ein Jahr mit der Zauberin Kirke. Als er weitersegelte, ließ
er sich bei der Insel der Sirenen am Mast festbinden, um
nicht ihren Zaubergesängen zu erliegen. Zwischen der
Höhle des sechsköpfigen Ungeheuers Skylla und dem rei-
ßenden Strudel Charybdis hindurch gewann er wieder of- 5
fenes Meer, wo ein Blitz sein Schiff vernichtete und die
letzten seiner Gefährten tötete – nur Odysseus überleb-
te. Nun blieb er sieben Jahre auf der Insel Ogygia bei der
Nymphe Kalypso, dann endlich kehrte er, zehn Jahre nach
der Abfahrt von Troja, in seine Heimat zurück. Dort er- 10
schlug er mit seinem Sohn Telemachos die Freier, die sich
um die Gunst seiner Gemahlin Penelope beworben und
sein Gut verprasst hatten. Nach zehnjähriger, gefährlicher
Irrfahrt herrschte Odysseus wieder mit Penelope über
Ithaka.   15

HERAKLES (röm. = Herkules), der gewaltigste aller griechischen Helden, war ein Sohn des Zeus und der irdischen
Alkmene. Er löste im Dienst des mykenischen Königs Eu-
ryhstheus zwölf schwierige Aufgaben: Er besiegte
die zwölfköpfige Hydra, er entführte den Höllenhund 20

Zerberus aus der Unterwelt und erwürgte einen un-
verwundbaren Löwen, dessen Kopf fortan sein Helm
und dessen Fell sein Mantel waren. Er errichtete die „Säu-
len des Herkules" (heute Gibraltar und Ceuta), er
5 trug das Himmelsgewölbe, während der Titanensohn
Atlas für ihn die „Goldenen Lebensäpfel" holte und er
bestand weitere sieben Abenteuer. Als er starb, holte
Athene ihn in den Olymp und Zeus schenkte ihm ewiges
Leben.

10 PERSEUS, Sohn des Zeus und der argolischen Königstochter
Danae, ging in das Land der Gorgonen. Diese Ungeheuer
hatten Flügel und einen Schuppenkörper, statt Haaren
wuchsen ihnen sich windende Schlangen auf dem Kopf.
Wer sie ansah, versteinerte vor Schreck. Perseus tötete
15 die Gorgonin Medusa und heiratete die äthiopische Prin-
zessin Andromeda, die er nach hartem Kampf mit einer
menschenfressenden Schlange befreit hatte. Ein Freier der
Andromeda versteinerte vor Schreck, als Perseus ihm das
Haupt der Medusa enthüllte.

ACHILLES, Sohn des Königs von Pthia, Peleus, und der Meeresgöttin Thetis, war einer der größten Helden vor Troja.
Seine Mutter hatte ihn im Wasser des Styx gebadet, das
ihn unverwundbar machte – mit Ausnahme der Ferse, an
der sie ihn beim Bad festgehalten hatte. Während des 5
Kampfes um Troja schoss der trojanische Königssohn Paris
einen Pfeil auf Achilles ab. Apollo, der stets Partei für die
Trojaner ergriff, lenkte den Pfeil auf Achilles' Ferse – Achilles starb.

JASON, ein thessalischer Königssohn, segelte mit 50 Ge- 10
fährten, unter ihnen Herakles, der Sänger Orpheus und
Zeus' Zwillingssöhne Kastor und Polydeukes (lat. = Pollux)
auf dem Schiff „Argo" nach Kolchis, einem Land östlich
vom Schwarzen Meer, um das von einem Drachen be-
wachte Goldene Vlies zu holen, das Fell eines goldenen 15
Widders.
Nach vielen Abenteuern brachten die Argonauten das Vlies
nach Hellas. Jason heiratete die Zauberin Medea, eine
Tochter des Königs von Kolchis. Als er sie verließ, um die

Korintherin Kreusa zu heiraten, ermordete Medea erst Kreusa und dann ihre eigenen Kinder. Jason wurde von den Trümmern der zusammenbrechenden „Argo" erschlagen.

5 ÖDIPUS war wegen eines unheilvollen Orakelspruchs als Kind von seinen Eltern ausgesetzt worden. Auf dem Rückweg in seine Heimatstadt Athen tötete er im Handgemen-

ge einen alten Mann. Dann löste er das Rätsel der Sphinx, die alle, die es nicht hatten lösen können, in den Abgrund gestürzt hatte. Das Rätsel lautete: „Welches Geschöpf geht morgens auf vier, mittags auf zwei und abends auf drei Beinen?" Ödipus antwortete: „Der Mensch; als Kind kriecht er 5 auf allen Vieren, als Erwachsener geht er aufrecht und im Alter braucht er einen Stock." Aus Gram, dass ihr Rätsel gelöst war, stürzte die Sphinx sich selbst in den Abgrund. Ödipus wurde von den dankbaren Thebanern zum König von Theben gekrönt und heiratete die verwitwete Königin 10 Iokaste. Als sich herausstellte, dass der Greis, den er erschlagen hatte, sein Vater König Laios und dass Iokaste seine Mutter war, nahm diese sich das Leben. Ödipus blendete sich und musste Theben verlassen.

15
THESEUS, ein Sohn des Gottes Poseidon, tötete auf einer Straße nach Athen sechs Ungeheuer und Räuber. In dem Labyrinth von Knossos tötete er den Minotaurus und fand den Rückweg mithilfe eines Wollknäuels, das ihm die Königstochter Ariadne gegeben hatte. Als König von Athen 20 einte er weite Teile Griechenlands.

Aus: Hans Reichardt: Die Alten Griechen (Reihe: Was ist was?, Band 64). Nürnberg: Tessloff Verlag 1979, S. 24, 25

Kreuzworträtsel

In diesem zweiten Kapitel des Anhangs hast du einiges über Homer, die „Ilias" und „Odyssee" und die Taten einiger griechischer Sagengestalten erfahren. Zum Abschluss wird nun der Name eines Mannes gesucht, der sich schon als Kind nicht von der Idee abbringen ließ, dass es das sagenhafte Troja *wirklich* gab ...

1: Die „Ilias" erzählt von einem langen Krieg zwischen Griechen und ...

2: Königssohn, der mit der „Argo" aufbrach, um das „Goldene Vlies" zu holen

3: Der gewaltigste griechische Held, Sohn des Zeus und der Alkmene

4: Dichter der „Ilias" und „Odyssee"

5: In Versform geschriebener Roman

6: „Wer ist die Schönste im Olymp?" – Zum Schiedsrichter dieser Frage wird ...

7: Der ursprüngliche Name Homers

8: Er tötete im Labyrinth von Knossos den Minotaurus und fand den Rückweg mithilfe eines Wollknäuels

9: Einer der größten Helden der Griechen im Trojanischen Krieg; unverwundbar, mit Ausnahme der Ferse

10: Grieche, dessen List den Trojanischen Krieg entschied

4. „Das Trojanische Pferd" – Heinrich Schliemann und der Trojanische Krieg

Sagen enthalten vieles, was man als möglich und realistisch betrachten könnte, und vieles, was als erfunden und fantastisch bezeichnet werden muss. Oft geht beides, Wirkliches und Unwirkliches, ineinander über, als ob es keinen Unterschied gäbe. Vor über hundert Jahren tauchte die Frage auf, ob das Troja aus Homers „Ilias" möglicherweise auszugraben sei. 1864 kaufte der Engländer Frank Calvert den nördlichen Teil des Hügels Hisarlik in der trojanischen Ebene, der Troas. Er legte verschiedene Besiedlungsschichten des Hügels frei und war sicher, den Schauplatz der „Ilias" gefunden zu haben. Auf seinen Vorarbeiten – für weitere Grabungen fehlte F. Calvert das Geld – konnte dann Heinrich Schliemann aufbauen, der als eigentlicher „Entdecker Trojas" in die Geschichte der Archäologie eingegangen ist. Von der märchenhaft klingenden Lebensgeschichte H. Schliemanns erzählt der erste Text dieses Kapitels. – Bis heute wird in Troja gegraben! Um neuere Grabungsergebnisse geht es in der Reportage, dem zweiten Text in diesem Kapitel.

Ein Kindheitstraum geht in Erfüllung

Der kleine Krämerlehrling schuftet Tag und Nacht. Von morgens fünf bis abends elf putzt er das Seifengeschäft im mecklenburgischen Fürstenberg vom Keller bis zum Dach, bedient die Kunden, trägt Ware aus, packt Ware ein. Eine schwere und eintönige Arbeit. Immer zarter und magerer ⁵ wird der gepeinigte Junge. Doch es gibt etwas, was ihn die harten und langen Tage ertragen lässt, etwas, das ihn am Leben hält.

Nachts, kurz bevor ihm die Augen zufallen, blättert er in einem uralten, zerfledderten Buch. Immer wieder schaut ¹⁰ er die bunten Bilder an, die hünenhafte, starke und schöne Männer in Goldpanzern darstellen. Er sieht die große Stadt mit ihren Wällen und Türmen und dem großen hölzernen Pferd vor den Toren. Er liest Homers Geschichte vom Untergang der Stadt Troja. Und er hat nur einen Traum: Irgendwann wird er diese Stadt finden.

Der ewige Pechvogel

Die Geschichte des mecklenburgischen Krämerlehrlings
5 Heinrich Schliemann (1822 – 1890) klingt wie ein Märchen. Aber sie ist wahr. Wie auch Homers um 710 vor Christus verfasster, dichterischer Bericht vom Kampf um Troja in seinen Grundzügen wahr gewesen ist. – Aber daran glaubt damals eben nur Heinrich.

10 Alles in seinem jungen Leben ist bisher schiefgelaufen. Seine Mutter stirbt früh. Der Vater – ein Pfarrer – ist ein Trinker. Er nimmt seinen begabten Sohn mit 14 Jahren von der Schule, damit er ihm nicht länger auf der Tasche liegt.

Die nun folgenden Jahre in Fürstenberg sind für den Jungen
15 die Hölle. Er greift nach der ersten Chance, diesem Leben zu entrinnen. Ein Freund der Mutter schenkt ihm etwas Geld. Dafür kauft sich Heinrich eine Südamerika-Passage auf einem Handelsschiff. In Venezuela möchte er ganz neu anfangen.

Aber er bleibt ein Pechvogel! Das Schiff gerät in einen
20 schrecklichen Sturm vor der holländischen Insel Texel.

Nur mit knapper Not kann Heinrich sich retten. Nach Hause aber will er nicht zurück. So schenken die Behörden dem Schiffbrüchigen zwei Gulden. Damit kommt er bis Amsterdam und findet dort einen Job als Bürobote.

Im großen Amsterdam geht es aufwärts. Hier hat der

Heinrich Schliemann.

Ein frühes Foto von Grabungsarbeiten in den Ruinenhügeln von Hisarlik im Jahre 1882.

begabte Heinrich endlich Zeit, neben der Arbeit etwas zu lernen. In nur sechs Monaten bringt er sich Englisch bei, nach einem weiteren halben Jahr spricht er perfekt Französisch. Im Laufe der Jahre wird der rastlos Lernende 22 Sprachen beherrschen! Eine Weltfirma stellt das Sprachge- 5 nie ein. Und das Wunder seines Aufstiegs beginnt.

Student mit 46 Jahren ...

Was immer der einstige Pechvogel von nun an anfasst, verwandelt sich in Gold. Nach raschem Aufstieg in der Firma macht er sich selbstständig. Er hat nur ein Ziel vor Augen: möglichst schnell viel Geld zu verdienen. Er hat wenig Gewis- 10 sensbisse. Als es zum Krieg zwischen England und Russland[1] kommt, macht er Riesengewinne als Munitionslieferant.

---

[1] Dieser Krieg dauerte von 1853 – 56 und wurde auch Krimkrieg genannt. Er wurde von Frankreich, Großbritannien und der Türkei gegen Russland geführt.

Ein Fund Schliemanns:
ein 4300 Jahre altes
Ohrgehänge.

Mit 46 Jahren besitzt er ein fantastisches Vermögen von elf
Millionen Gulden! Genug, um sich seinen Kindheitstraum
zu erfüllen. Er ändert sein Leben. Mit Sondererlaubnis des
französischen Kultusministeriums wird er 1866 Student in
5 Paris – der älteste im ganzen Land. Bald schon tritt er mit
einer wissenschaftlichen Veröffentlichung hervor.
Sein Werk heißt „Ithaka, der Peloponnes und Troja". Hier
überrascht Schliemann die Öffentlichkeit mit seiner Theo-
rie: Das alte Troja liege nahe dem Dorf Hisarlik!

Seine Sternstunde

10 Die Altertumsforscher lachen nur über den Außenseiter.
Denn Troja – das ist doch bloß ein Märchen! Und selbst
wenn an der alten Geschichte von Homer etwas dran wäre, dann könnte die Stadt nur auf den Hügeln des türkischen Örtchens Bunarbaschi zu finden sein – nicht aber
15 zehn Kilometer weiter bei Hisarlik.
Heinrich Schliemann kümmert sich nicht um das Gespött.
Ab 1870 geht er mit heimischen Arbeitern ans Werk. Sie
graben sich durch eine römische Schicht, bis sie in sieb-
zehn Metern Tiefe auf rohe Burgmauern stoßen. Und am
20 17. Juni 1873 kommt Heinrich Schliemanns Sternstunde!
Sie sehen glänzendes Metall aus der Erde blitzen.
Sofort schickt er die Arbeiter zur Essenspause. Dann macht
er sich allein mit seiner Frau daran, einen gewaltigen

Troja 7

Troja 6

Troja 2

Troja 1

Es gab insgesamt neun Trojas – eine Festung wurde auf der anderen errichtet. Vier Trojas sind hier zu sehen: Die untersten Mauern sind die ältesten.

Ein Querschnitt Trojas

P.M. Heft 4/87, S. 34 – 39

Schatz zu bergen: Goldene Becher und silberne Krüge
schält er aus dem Erdreich, kunstvolle Armbänder und
Ohrringe, reich geschmückte Streitäxte und verzierte
Kupferkessel. Schliemann ist sicher: Er hat den Schatz des
5 Priamos gefunden! Als das bekannt wird, gilt er nicht länger als reicher Narr, sondern wird der berühmteste Mann
seiner Zeit!
Noch bleiben ihm sieben Jahre, in denen er das sagenhafte
Mykene ausgräbt und wieder gewaltige Goldschätze findet.
10 Im Jahr 1890 reißt der Herztod Heinrich Schliemann aus
seiner rastlosen Arbeit. – Heute wissen wir: Der große
Hobby-Ausgräber hat sich oft geirrt. Sein „Schatz des Priamos" entstammte einer viel älteren Kultur. Doch niemand
kann ihm sein Hauptverdienst streitig machen: Sein Glaube
15 an Homer hat eine vor mehr als 3000 Jahren versunkene
Kultur wieder ans Tageslicht gebracht!

Aus: Kathrin van Booth: Ein Kindheitstraum geht in Erfüllung. In: Klaus
Ruhl (Hrsg.): Treff Jugendbuch 1992. Seelze: Velber Verlag 1992, S. 110,
111

Den Trojanischen Krieg gab es wohl doch

Tübinger Archäologe veröffentlicht Ergebnisse der Grabungskampagne in der antiken Ruinenstadt

TROJA, 17. August (AP). Der Trojanische Krieg, der von Homer in seinem um 730 vor Christus entstandenen Epos
„Ilias" beschrieben wurde, hat nach Auffassung des Tübin-
20 ger Archäologen Manfred Korfmann einen „historischen
Kern". Dies sei ein Ergebnis der unter seiner Leitung ste-
henden jüngsten Ausgrabungen in der antiken westanatoli-
schen Ruinenstadt Troja, sagt der Prähistoriker. Bislang war
der Wahrheitsgehalt des herausragenden Werkes der Welt-
25 literatur in der Wissenschaft dagegen heftig umstritten.
Bis zur Entdeckung Trojas durch den deutschen Kaufmann
Heinrich Schliemann im Jahr 1870 war die „Ilias" das einzige Zeugnis, das von der Festung, von ihrer zehnjährigen
Belagerung durch die Achaier, vom Trojanischen Pferd und

Der Tübinger Archäologe Manfred Korfmann vor einer Schautafel der antiken Ruinenstadt Troja in Westanatolien.

von ihrem Untergang kündete. Schliemann hatte bis zu seinem Tod 1890 in Troja gegraben, danach war die Troja-Forschung bis 1894 von seinem Schüler Wilhelm Dörpfeld fortgesetzt worden. Von 1932 bis 1938 arbeitete ein US-Team der Universität Cincinnati in der untergegangenen 5 Akropolis. Das an den Dardanellen gelegene Troja, das einst die Handelswege zwischen Europa und Asien kontrollierte und sich seine wirtschaftliche und politische Macht über Jahrhunderte erhalten konnte, wird jährlich von rund 250 000 Touristen besucht. 10
Die diesjährige dritte Grabungskampagne unter der Regie von Manfred Korfmann geht am 31. August zu Ende. Der Archäologe hatte nach einer 50-jährigen Unterbrechung der Ausgrabungen 1988 eine an seine Person gebundene Lizenz der türkischen Regierung erhalten. An dem gegen- 15 wärtig größten archäologischen Projekt der Welt, das auf die Dauer von 15 Jahren angelegt ist, sind in diesem Jahr 60 Forscher aus der Bundesrepublik, der Türkei, den USA, Großbritannien, den Niederlanden, Österreich und Mexiko sowie eine aus 40 Arbeitern bestehende Grabungs- 20 mannschaft beteiligt.

Vor- und Frühgeschichtler, klassische Archäologen, Biologen und Chemiker arbeiten Hand in Hand mit Physikern, Geologen, Anthropologen und Meteorologen, um Zehntausende von Funden mit modernster Computertechnik zu dokumentieren und zu analysieren. Sämtliche Stücke, darunter vor allem Keramik- und Glasscherben, Münzen, Pfeilspitzen und Knochenfragmente, gehen an das Museum der türkischen Stadt Canakkale. Der jährliche Grabungsetat von 400 000 Mark wird gemeinsam von der Universität Tübingen, dem amerikanischen Taft-Semple-Found, dem türkischen Staat, dem Deutschen Archäologischen Institut, der Daimler-Benz AG sowie von zwei Förderkreisen in Tübingen und New York aufgebracht.

Korfmann sagte, die moderne Archäologie und Philologie trage immer mehr Argumente zusammen, die ernsthafte Zweifel daran aufkommen ließen, ob die totale Ablehnung von Homers Werk berechtigt gewesen sei. „Die Beweislast kippt langsam um", meint er. Man könne inzwischen nicht mehr sagen, dass die Schilderungen des Dichters „nur Zufall" seien. Etwa 70 Prozent der Archäologen gehen seinen Angaben zufolge mittlerweile davon aus, dass der Trojanische Krieg, der bei Homer im 13. Jahrhundert vor Christus und damit rund 500 Jahre vor Niederschrift der „Ilias" spielt, einen historischen Inhalt hat.

Es sei zweifellos erwiesen, dass es sich bei Troja um den Ort handele, von dem Homer berichte, sagt Korfmann. „Man weiß zwar nicht genau, ob Homer jemals in Troja war. Aber er beschreibt die Landschaft relativ genau. Und er oder seine Informanten müssen auch die monumentalen Steinmauern der Stadt gekannt haben, zu denen es in Europa nichts Vergleichbares gibt", erklärte der 48-Jährige, der seine These wissenschaftlich untermauerte. Es sei festgestellt worden, dass Troja auch im neunten oder zehnten vorchristlichen Jahrhundert und damit vor Entstehung der „Ilias" besiedelt war. „Der Platz bekam also nicht erst in späterer Zeit den Namen ‚Ilion', weil Homer die ‚Ilias' geschrieben hätte", sagte er. Diese Tatsache spreche für „die Kontinuität der mündlichen Überlieferung von Ereignissen". Als weiteres Argument führte Korfmann an, dass die Stadt ihre mächtigsten Mauern in der Phase Troja VI und damit im homerschen Troja gehabt habe. Die Akropolis habe in dieser Epoche unter der späteren römisch-hellenistischen Siedlung „Novum Ilium" auch eine bislang noch nicht erforschte Unterstadt gehabt, deren Ausdehnung vier- bis fünfmal so groß wie die Burganlage sei. Überdies sei in der nahe gelegenen Besikbucht, in der einst der mittlerweile verlandete trojanische Hafen gelegen hatte, ein Friedhof gefunden worden, zu dem es in der „Ilias" Bezüge gebe.

Der Wissenschaftler geht zwar nicht davon aus, dass alle in der Dichtung vorkommenden Gestalten wie etwa der sagenhafte König Priamos oder die schöne Helena, deretwegen der Trojanische Krieg entbrannt sein soll, existiert haben. „Es ist aber vorstellbar, dass verschiedene Ereignisse in dem Epos gebündelt wurden, denn es gab in allen Jahrhunderten Kriege um Troja", meinte er.

Korfmann kündigte an, dass er noch in der laufenden Grabungskampagne nach schriftlichen Dokumenten in Troja suchen will. Falls es schriftliche Zeugnisse gebe, seien diese am Rande des Burgbergs unter Schuttbergen zu vermuten. Bereits im vergangenen Jahr waren Spuren einer bislang noch nicht bekannten Siedlung entdeckt worden. Die mit Troja 0 bezeichnete Brandschicht wird auf rund 3500 bis 4000 Jahre vor unserer Zeitrechnung datiert und belegt, dass Troja älteren Ursprungs ist, als bisher angenommen wurde.

In: Frankfurter Rundschau vom 18.8.1990

5. Die Irrfahrten des Odysseus

*Die meisten Forscher akzeptieren inzwischen für die „Ilias" ei-
nen historischen Kern, nämlich die Unruhen des 13. Jahrhunderts v. Chr. im östlichen Mittelmeerraum und die damit ver-
bundenen Kämpfe um die Stadt Troja. Dagegen verweist man
die Irrfahrten des Odysseus, wie sie in der „Odyssee" erzählt
werden, in den Bereich des Märchenhaften und Mythischen. –
Der folgende Text berichtet von einem Fernsehteam, das sozusagen im Kielwasser des Dichters Homer durchs Mittelmeer
segelte, um der Frage nachzuspüren, ob die seemännischen Angaben der „Odyssee" tatsächlich jeder Realität entbehren oder
ob nicht vielleicht doch eine mögliche Reiseroute des Odysseus
rekonstruierbar ist. – Im zweiten Text geht es um die vielen
interessanten Details, mit denen Homer seinen vielleicht be-
kanntesten Helden Odysseus ausstattet.*

Homer – der erste Lokalisator der „Odyssee"

Die Götter haben Odysseus nach zehn Jahren heimkehren
lassen. Trennt man den Ort der möglicherweise eingescho-
benen Rahmenerzählung – die Kalypso-Insel Ogygia – inklusive An- und Abfahrtsweg vom eigentlichen Fahrtbe-
5 richt, überrascht die kurze Dauer seiner Reise. Wir dürfen
nicht vergessen, dass er sich bei der Nymphe zwischen
sieben und acht Jahren aufgehalten haben soll.
Demnach bleiben für den Rest der Strecke inklusive Land-
aufenthalte und der Überwinterung bei Kirke ungefähr ein
10 Jahr und vier Monate. Und „nur" fünfundachtzig Tage und
Nächte segelte, ruderte oder trieb Odysseus übers Meer.
Auf seinem „Tachometer" stehen als Endsumme rund
4150 Kilometer oder 2240 Seemeilen. Aus Homers Angaben kann eine Route konstruiert werden, die mit den Na-
15 turgegebenheiten im Mittelmeer so weit übereinstimmt,
dass sie zu realen Orten führt. Diese These der Brüder
Wolf hat sich bei unseren Dreharbeiten bestätigt.
Der Überlieferung nach soll Homer blind gewesen sein, eine in der Antike durchaus nicht ungewöhnliche Vorstellung

von Dichtern und Sängern. Auch in der „Odyssee" er-
scheint am Phäakenhof der blinde Sänger Demodokos, in
dem sich Homer vielleicht selbst porträtiert haben könnte. Aber seine plastischen Schilderungen von Dingen, Far-
ben und Formen lassen vermuten, dass ihn die Sehkraft 5
erst im Alter verlassen hat.
Wie erwarb ein Sänger und Dichter im 8. Jahrhundert v.
Chr. solche Detailkenntnisse über Seewege und ferne Länder?
Gehen wir davon aus, er habe sie aus zweiter Hand, muss 10
er unzählige nautische und geografische Daten akribisch
gesammelt haben. Dass Homer aber mit Land und Seekar-
ten am Schreibtisch saß und einen Zettelkasten anlegte,
kann als völlig unrealistische Vorstellung abgehakt werden.
Hätte der Dichter einzelne Informationen aus mehreren 15
Quellen für die Streckenabschnitte zusammensetzen müssen, wäre er nicht ohne komplizierte Berechnungen ausge-
kommen.
Angenommen, Homer sei selbst auf dieser Route unterwegs gewesen – vielleicht mehrmals hintereinander auf 20
bestimmten Etappen –, hätte er seine Beobachtungen mit
den Erfahrungen einer Seereise kombinieren können. Eine
Legende lässt ihn fast wie einen Reiseschriftsteller agieren:
Melisegenes, der junge Homer, sei von einem Schiffer namens Mentes überredet worden, seine Schule aufzulösen 25
und gegen Sold mit ihm zur See zu fahren. In allen fremden
Ländern und Städten habe er sich umgesehen und fleißig
Aufzeichnungen gemacht. Schon damals habe er vorgehabt,
später einmal als Dichter zu wirken.
Ob seine Kenntnisse aus zweiter Hand oder eigener An- 30
schauung herrühren – Homer stellt an fast allen Orten deren typische Kennzeichen heraus. Auch das, was man erst
an Land sehen kann, verrät er meist schon, bevor das
Schiff anlegt als eine Art Wahrzeichen: bei den Lotophagen
die Nahrung, bei den Zyklopen das Fehlen von Landwirt- 35
schaft; bei den Laistrygonen der doppelte Lohn des schlaf-
losen Hirten [...]. Bestimmte Teile der „Odyssee" erschei-
nen wie ein Periplous, ein antikes Schiffstagebuch, das oft
als Orientierungshilfe diente. Da sich die Schiffe möglichst
in Landnähe hielten, zählen solche Berichte in Form von 40

Küstenbeschreibungen meist Städte und Tempel, Inseln,
Häfen, Buchten, Landvorsprünge, Flussmündungen, Lande-
möglichkeiten und Entfernungen in Tagesfahrten auf. Auch
Brandung und andere Eigenheiten des Meeres werden ge-
5 nannt, Himmelsrichtungen in der üblichen Weise nach
Sonne und Wind. Einer der ältesten Periploi aus dem 6.
Jahrhundert v. Chr. lieferte Herodot Daten über den Na-
hen Osten.

Homer listet in seiner poetischen Erzählung zwar nicht al-
10 le Informationen auf, aber er muss Form und Inhalt der
Küstenbeschreibung schon gekannt haben. So viele von
den Brüdern Wolf entdeckte Übereinstimmungen können
nicht auf Zufall beruhen! Wenn Homer alles nur märchenhaft verschleiern wollte, warum nennt er dann Fahrtdauer,
15 -richtungen und Windstärken? Dass er von Riesen, Ungeheuern und den Häusern des Hades erzählt, widerspricht
nicht dem geografischen Bezug.

In einer Geschichte berichtet Odysseus von Proteus auf
der Insel Pharos vor der Nilmündung. Der Alte verwandelt
20 sich in einen Löwen, eine Schlange, einen Panther, in ein
Wildschwein, in Wasser und in einen Baum! Das übertrifft
bei weitem die Verzauberung der Odysseus-Gefährten
durch Kirke, und dennoch ist die Insel Pharos eindeutig
vor Ägypten zu lokalisieren!

25 Vor allem erstaunt die Genauigkeit und Vollständigkeit der
Topografie in der „Odyssee." Zwischen der Westspitze Siziliens und Ithaka, zwischen Kalabrien und der Syrte gibt
es kein Land und keine Inselgrupe, die nicht vorkommen.
Lediglich die kleinen Inseln Lampedusa und Pantelleria
30 zwischen Tunis und Malta fehlen; aber gerade das legt die
Vermutung nahe, dass Homer Erfahrungen einer wirklichen Reise verarbeitet hat, denn das Schiff fährt auf dieser
Strecke nachts an den kleinen Inseln vorbei.

In den sogenannten Lügenmärchen gibt sich Odysseus
35 nach der Heimkehr verschiedenen Personen gegenüber
zunächst dreimal eine neue Identität; so erzählt er auch
jeweils von einer anderen Route, auf der er angeblich nach
Ithaka gekommen sei. Interessant dabei ist, dass Troja, Maleia, Kreta und Ägypten gleichzeitig mit den „Märchenlän-
40 dern" Thrinakia und Scheria genannt werden, die demzu-

folge offensichtlich bekannt und somit als Realität zu verstehen sind. Alle Reiseberichte zusammengenommen ergänzen sich zu einer Geografie des östlichen und westlichen Mittelmeeres, die dem homerischen Weltbild entsprechen dürfte. 5

Nur bei der Kirke-Insel Aia und nach dem Schiffbruch benutzt Homer das griechische Wort für „Irrfahrt" oder „Herumirren". Odysseus ist also nicht ziellos übers Meer gesegelt, sondern hat systematisch nach dem Heimweg gesucht, selbst wenn er auf einzelnen Etappen scheiterte. Die 10 Brüder Wolf sehen in ihm eigentlich viel eher einen Entdeckungsfahrer. So schickt er Gefährten aus, die Land und Leute erforschen sollen, und bemüht sich, „Durchfahrten" auf dem Meer zu finden.

Homer erklärt im Prinzip die drei Möglichkeiten der 15 Heimkehr nach Griechenland für einen Seemann, der ins westliche Mittelmeer verschlagen wurde: aus Nordafrika nach Malta und von dort über die offene See; durch die Meerenge von Messina und über Land quer durch Kalabrien. 20

Im 8. Jahrhundert v. Chr. – der Zeit, in der Homer vermutlich lebte – beginnt die griechische Westkolonisation; sie macht geografische Kenntnisse wieder lebendig, die nach der mykenischen Seefahrt über lange Zeit vergessen waren. Akzeptiert man die von den Brüdern Wolf gefunde- 25 nen topografischen Daten, gewinnen sie als einziges zeitgenössisches schriftliches Zeugnis dieser Entdeckungsfahrten historisch-politische Bedeutung. Sicher ist, dass die Griechen vor der eigentlichen Gründung ihrer Kolonien Entdeckungs- und Handelsfahrten unternommen und dabei 30 die Küsten Siziliens und dessen Bewohner kennengelernt haben. Homers „Odyssee" könnte als Schilderung einer solchen „präkolonialen" Einzelfahrt verstanden werden. Ein Vergleich der von ihm beschriebenen Länder und Inseln mit denen der griechischen Kolonisation des 8. bis 6. 35 Jahrhunderts zeigt jedenfalls verblüffende Übereinstimmung.

In Tunesien, Malta, Westsizilien und Ustica scheiterten die Griechen mit der Gründung von Siedlungen (Thapsos in Afrika, Lilybaion und Eryx in Westsizilien); hier konnten sie 40

sich nicht gegen ihre Konkurrenz, die Phönizier, durchset-
zen; deren Städte Karthago und Motya zu beiden Seiten
der sizilianischen Straße kontrollierten den Hauptweg ins
westliche Mittelmeer. Ausgerechnet an diesen Orten trifft
5 Odysseus auch feindlich gesinnte Menschen: Die Zyklopen
und Laistrygonen fressen seine Gefährten; Aiolos verjagt
ihn beim zweiten Besuch mit Flüchen, und Kirke verwandelt die Griechen zunächst in Schweine.

Aber die Küsten, an denen Odysseus entweder keine Sied-
10 lungen (im Süden Siziliens und auf Thrinakia) oder hilfrei-
che Menschen vorfindet (im Gau der Kimmerischen Männer in Himera und bei den Phäaken), besiedelten die
Griechen ab dem 8. Jahrhundert; Himera war sozusagen
der „Außenposten", das Phäakenland später Großgrie-
15 chenland (Magna Graecia).

Damit soll aber keineswegs behauptet werden, Polyphem,
der König der Laistrygonen oder Kirke seien historische
Personen gewesen, denen Seefahrer wirklich begegneten.
Homer kann jedoch durchaus mit Absicht glückliche oder
20 unglückliche Begegnungen an bestimmten Orten platziert
haben.

Historisch-politisch besonders bedeutsam war die Herrschaft über die Straße von Messina – und damit auch die
Schilderung der Durchfahrt. Weil aber die Umschiffung
25 von Kaps, die – wie die Spitze Italiens – nach Süden liegen,
große Gefahren barg, gewann die Herrschaft über die
Landengen Kalabriens für den Handel zwischen dem Ionischen und dem Tyrrhenischen Meer höchste Bedeutung.
Für Odysseus wird dieser Landweg sogar zur Rettung.

30 Dass der Fahrtbericht aber der wirklichen Heimreise jenes sagenhaften Odysseus entspricht, darf nicht angenommen werden. Homer kannte zwar mit Sicherheit die my-
thische Überlieferung vom Trojanischen Krieg und seinem
Helden und muss sie mit Erfahrung und Kenntnissen über
35 die Schifffahrtswege aus seiner eigenen Zeit – das heißt,
500 Jahre später – verwoben haben. Die Brüder Wolf be-
haupten also nicht, der Odysseus der Sage sei auf dieser
Route zurückgekehrt; man weiß ja nicht einmal, ob er
überhaupt zur See gefahren ist. Aber dass der Odysseus
40 Homers einen geografisch bestimmbaren Kurs um Sizilien

herum gesegelt sein muss, geht aus ihren Forschungen logisch hervor. Und so dürfte Homer der erste uns bekannte Lokalisator der Odysseus-Überlieferung sein.

Wenn sich auch mit einzelnen Abenteuern Märchenmotive, Schiffergeschichten und Legendenstoffe verbinden, so erweist sich der Dichter doch als erfahrener Seemann, wie wir selbst feststellen konnten. Ja, er spinnt mitunter sogar Seemannsgarn. Und das tun in der Regel nicht Landratten, sondern nur Leute, die wirklich die Meere befahren. Gerade darin zeigt Homer seine Meisterschaft, denn er lügt nicht sozusagen einfach der Blaue vom Himmel herunter. Er siedelt seine Abenteuer vielmehr in passenden Landschaften an, verknüpft sie mit Lokalkolorit und Naturbeobachtungen. So können die gleichen Worte oft sowohl märchenhaft verstanden werden als auch einen realen Sinn haben.

Verliert die „Odyssee", jenes große, sprachgewaltige Epos über die Heimkehr eines antiken Helden, Zauber und Poesie — nur weil man sich die Route nicht im Märchenland und den Meeren der Fantasie, sondern in realer Geografie vorstellen kann? Dafür gibt es keinen erkennbaren Grund. Denn dieses große abendländische Meisterwerk Homers hätte die gleiche unauslöschliche Wirkung auf die Literatur Europas gehabt, wenn alle darin genannten Orte und Länder auch heute noch problemlos zu identifizieren wären und nicht nur Troja, Maleia und Ithaka/Kephallenia.

Dort, auf der Heimatinsel des Odysseus, ging auch unsere Seefahrt nach sieben Wochen zu Ende. Zum Abschied bescherten uns die Götter Griechenlands einen letzten rotgoldenen Sonnenuntergang, kitschig-schön wie ein Postkartenmotiv. Längst waren wir zu ordentlichen Matrosen geworden; längst hatten wir gelernt, die Kommandos unseres österreichischen Kapitäns sofort zu befolgen; denn am Anfang des Törns führte sein charmantes Wienerisch bei schwierigen Manövern des Öfteren zu brenzligen Situationen, weil keiner verstand, was er tun sollte; längst hatten wir uns auch an das ständige Schaukeln an Bord gewöhnt; so sehr, dass der Boden unter uns immer nur dann schwankte, wenn wir an Land gingen.

Obwohl wir selbst bei schweren Stürmen — im Gegensatz zu Odysseus — nie ernsthaft in Gefahr gerieten und die Si-

cherheit der „Ignatia" der eines antiken Schiffes bei weitem überlegen ist, bestätigte sich doch auf den meisten
Strecken die Genauigkeit der nautischen Angaben Homers.
Dass Odysseus nicht durch ein Märchenland segelte, da-
5 von sind wir – dank der Arbeit der Brüder Wolf – nach
unserer Reise endgültig überzeugt.
Die Weltkenntnis Homers von Pflanzen und Tieren, von
Handwerk und Ackerbau, von Waffentechnik und Boots-
bau, von Regierungskunst und Menschenführung wird all-
10 gemein anerkannt. Warum sollte er gerade auf dem Gebiet
der Geografie westlich von Ithaka und bei der Seefahrt ein
Ignorant gewesen sein?
Und warum sollten in der „Odyssee" nicht Mythisches
und Reales, warum sollten nicht Märchen, Sagen und Le-
15 genden in harmonischem Einklang stehen können mit dem
ältesten Logbuch einer Seefahrt rund um Sizilien?

Aus: Helga Lippert/Arno R. Peik/Eberhard Thiem: Die Heimkehr des
Abenteurers. In: Hans Helmut Hillrichs (Hrsg.): Terra-X. Von den In-
seln des Drachenbaums zur Festung der Sturmgötter. Rätsel alter
Weltkulturen. München: C. Bertelsmann Verlag 1990, S. 252 ff.

Odysseus – das Psychogramm
eines neuen Menschen

Aus welchem Holz muss ein Mensch geschnitzt sein, der
sich über Jahre immer wieder aus lebensgefährlichen Situationen retten kann, der niemals aufgibt, der schon
20 längst für tot gehalten wird, aber zuletzt doch wohlbehal-
ten in die Heimat zurückkehrt?
Homer erzählt uns in beiden Epen viele Details über Ei-
genschaften, Verhaltensweisen und sogar über das Ausse-
hen des Odysseus. Danach muss er ein gut gebauter, mit-
25 telgroßer, blonder Mann gewesen sein. Vor allem Letzteres
wird vielleicht erstaunen; wir erfahren es im 13. Gesang,
Verse 399 und 431; als er endlich seine Heimatinsel erreicht hat, verwandelt ihn Athene in einen alten Mann, damit ihn vorerst niemand erkennt: „Also sagte Athene und
30 strich über ihn mit dem Stabe, runzelte gleich ihm die

schöne Haut auf den biegsamen Gliedern, tilgte die blonden Haare am Kopf ..."

Doch eine Narbe über dem Knie verrät ihn. Schon seit jungen Jahren ist er durch dieses Mal gezeichnet, nachdem ihm bei der Jagd ein Eber die Hauer tief ins Fleisch gebohrt (Odyssee 19, 385 ff.).

Odysseus scheint zwar kleiner als Agamemnon und Menelaos gewesen zu sein, aber breiter in Schultern und Brust, würdevoller im Sitzen und vor allem beeindruckend durch seine Rede (Ilias 3, 193 f., 210 ff.). Der Sohn des Phäakenkönigs bewunderte seine körperlichen Vorzüge mit den Worten: „An Wuchs ist er nicht schlecht, weder an Schenkeln noch an Schienbein, Armen noch Nacken, es fehlt ihm nicht an Stärke." (Odyssee 8, 134 ff.)

Homer nennt Odysseus im 6. Gesang der „Ilias" besonders oft „speerberühmt" und wir finden in beiden Epen viele Beispiele für seine Leistungen im Speerwurf. Die Phäaken fordert er zum Faustkampf, Ringen und Wettlauf heraus, den Diskus schleudert er weiter als alle anderen (Odyssee 8, 198 und 205 f.). Schon bei den Leichenspielen für Patroklos war Odysseus Sieger im Wettlauf (Ilias 23, 753 ff.).

Es gibt auch nur einen, der ihn im Bogenschießen übertrifft: Philoktet, der Sage nach ein Freund des Herakles (Odyssee 8, 219). Als Jüngling ist Odysseus von seinem Vater ausgeschickt worden, um 300 geraubte Schafe zurückzuholen. Dabei schenkt ihm Iphitos von Sparta den berühmten zusammengesetzten Bogen, mit dem er bei seiner Rückkehr nach Hause die Freier erschießt und den nur er allein spannen kann.

Diese Geschichte scheint eine echte Erinnerung an die Bronzezeit zu sein. Die Mykener müssen den zusammengesetzten Bogen aus Vorderasien oder Kreta übernommen haben. In der Kunst wird er nie dargestellt und selbst der einfache Bogen verschwindet nach der Periode der Schachtgräber. Ein zusammengesetzter Bogen lässt sich nicht mit dem Arm allein spannen. Der Schütze muss sitzen – den Bogen auf einem Schenkel und unter dem anderen Knie. Genau das tut Odysseus; er schießt auch im Sitzen den Pfeil durch die Äxte. Die Freier und sein Sohn Telemach kennen diese unübliche Waffe dagegen nicht; sie versuchen, im Stehen damit fertigzuwerden (Odyssee 21, 118 ff. und 359 ff.).

In der „Ilias" kämpft Odysseus nur mit dem Speer; Bogenschießen wird nach allgemeiner Überlieferung lediglich von
5 Helden aus der Zeit vor dem Trojanischen Krieg oder von Fremden ausgeübt und verliert im 13. Jahrhundert v. Chr. an Bedeutung. Während des 8. Jahrhunderts lernen die Griechen diese Fertigkeit vermutlich wieder aus Kreta. Aber das ist zu Zeiten Homers noch zu neu, um schon Teil
10 der epischen Tradition zu sein. Dass er Helden wie Herakles, Paris und Odysseus mit Pfeil und Bogen umgehen lässt, muss auf sehr viel ältere Zeiten zurückgehen.

Odysseus heißt übersetzt „der Groller". Diesen Namen gibt Autolykos seinem Enkel „als einer, der ich vielen zür-
15 ne. [...] Männern und Frauen auf der viel nährenden Erde", wie der Großvater von sich selber sagt (Odyssee 19, 407 f.). Auf Vasen des 7. bis 4. Jahrhunderts kommen zwölf verschiedene Schreibweisen vor, wobei die älteren Versionen mit Lambda – dem griechischen L – geschrieben werden.
20 Daraus entwickelt sich die lateinische Form „Ulixes". Deshalb auch hat die Stadt Lissabon ein L am Anfang ihres Namens, weil ihre antike Vorläuferin Olisipone angeblich von Ulixes gegründet worden sein soll.

Odysseus war von seinem Vater Laertes schon vor dem
25 Feldzug nach Troja als König eingesetzt worden. Mild und gütig gegenüber seinen Untertanen, versteht es der junge Herrscher, große Reichtümer zu erwerben. Mehrfach wird er gar (von Agamemnon in Ilias 4, 339) als äußerst gewinnsüchtig bezeichnet: „Ja, was reicher Gewinn ist, da reicht
30 von den sterblichen Menschen keiner heran an Odysseus; ein Wettstreit wäre erfolglos, wagtes es andere Irdische." (Odyssee 19, 285 ff.).

Andererseits ist er überall beliebt und geehrt. Man hört auf seine Rede; er ist der Beste im Rat der Männer. Seine
35 Schutzgöttin Athene nennt ihn verständig und scharfsinnig. Er handelt entschlossen, mutig, mannhaft, kühn und verwegen. Einmal verkleidet sich Odysseus als Bettler und schleicht sich nach Troja hinein, um die Stadt auszukundschaften. Helena erkennt ihn, verrät ihn aber nicht (Odys-
40 see 4, 240 ff.).

Am meisten berühmt machen Odysseus jedoch seine
Klugheit und seine Listen, die ihn auch in ausweglosen Situationen immer wieder siegen lassen. Mehrfach erzählt er
Lügengeschichten, um seine wahre Herkunft zu verschleiern. Selbst Zeus sagt, „Sterblichen ist er voraus an Ver- 5
stand" (Odyssee 1, 66); sein Ratschluss wird mit dem des
Göttervaters verglichen (Ilias 2, 169). Odysseus selbst
führt das einmal Achilles gegenüber auf große Lebenser-
fahrung zurück, wobei er allerdings zugibt, dass der stärker
und tapferer ist und auch besser mit der Lanze umgehen 10
kann (Ilias 19, 215 ff.).
Zum Unternehmen Troja können Agamemnon und Menelaos
den König von Ithaka nur mit Mühe überreden. Bevor Odysseus seine zwölf Schiffe – eine der kleinsten griechischen
Einheiten – mit Männern aus Ithaka, Kephallenia, Zakynthos, 15
Same und dem Festland zusammenstellt, soll er sogar kurz-
fristig Wahnsinn vorgetäuscht haben, um sich vor der Ge-
folgschaft zu drücken. Homer berichtet davon nichts; diese
Geschichte ist aber aus anderen antiken Quellen bekannt.
So wie die „Odyssee" im Gegensatz zur „Ilias" mit ihrer 20
Welt des Krieges, des Kampfes und der Helden eine bunte, weite Welt des Friedens mit alltäglichem Leben und
Vergnügungen in einfachen Häusern und Palästen, beim
Volk und bei Königen schildert, so ist auch Odysseus ein
neuer Typus: kein Krieger mehr, der unter einem Oberbe- 25
fehl steht, sondern ein Individualist; ein Mann, der sich mit
seinen körperlichen und geistigen Fähigkeiten allein durch-
schlagen muss, der die Welt durchstreift und Erfahrungen
sammelt; ein Abenteurer, der mit Wagemut, Energie, Wil-
lenskraft, Tapferkeit, Besonnenheit und Intelligenz sein 30
Schicksal meistert. Aber auch ein Mensch, der zweifelt und
verzweifelt, der oft resigniert und sich passiv verhält; ein
Dulder, der die harten Prüfungen über sich ergehen lässt
und letztendlich auch weint.
Das heroische Menschenbild der „Ilias" wandelt sich in 35
der „Odyssee" zu einem völlig anderen, einem individuel-
len in seiner ganzen Komplexität. Hier drückt sich ein neues Weltgefühl poetisch aus.
In der „Ilias" bestimmt die Ehre das Handeln und die Götter treten kaum als Wächter über Recht und Unrecht auf; 40

in der „Odyssee" dagegen begegnen uns gute und schlechte Menschen und Zeus bestraft die Sterblichen für begangenes Unrecht und Freveltaten.

Mögen uns die Abenteuer des Odysseus auch noch so fantastisch und irreal anmuten, er selber ist kein unfehlbarer Held mehr, kein unantastbares Leitbild, sondern ein Mensch mit positiven, aber auch negativen Charaktereigenschaften.

Aus: Helga Lippert/Arno R. Peik/Eberhard Thiem: Die Heimkehr des Abenteurers. In: Hans Helmut Hillrichs (Hrsg.): Terra-X. Von den Inseln des Drachenbaums zur Festung der Sturmgötter. Rätsel alter Weltkulturen. München: C. Bertelsmann Verlag 1990, S. 198–201